Jochen Schimmang

Vertrautes Gelände, besetzte Stadt

Schöffling & Co.

Erste Auflage 1998

Satz: Reinhard Amann, Aichstetten
Druck & Bindung: Pustet, Regensburg
ISBN 3-89561-092-5

Vertrautes Gelände, besetzte Stadt

Ich gehe aus dem Haus und laufe vertraute Straßen entlang, so, wie die ganze Stadt vertraut ist nach fast zwanzig Jahren. So weit ich auch laufe (aber die Stadt, muß ich erstaunt feststellen, ist eigentlich viel zu klein, um darin »weit zu laufen«), ich stoße auf nichts Fremdes mehr. Symbolisch dafür ist die Penetranz, mit der Dom und Fernsehturm immer wieder ins Blickfeld rücken, auch wenn man sich weit von beiden entfernt glaubt. Jedesmal signalisieren sie: »Du bist auf vertrautem Gelände, dir kann nichts Schlimmes geschehen.« Oder genauer noch: »Dir kann überhaupt nichts mehr geschehen.« Das ist eine beklemmende, eine erschreckende Botschaft.

Vielleicht bin ich aber auch nicht mehr in der Lage, das Fremde zu erkennen, wenn es mir begegnet, weil ich seit einiger Zeit aufgehört habe, mich dafür zu interessieren, was in meiner Stadt vorgeht. Und das ist angenehm und gibt ihr paradoxerweise ein wenig von dem Fremden zurück. Natürlich kenne ich schon alles, aber weil ich mich nicht mehr verbeiße in die Stadt und ihre Kämpfe, weil ein leichter Schleier zwischen ihr und mir liegt, verändert sich mein Blick. Plötzlich *zeigen* sich die Dinge wieder, und anders als zuvor, in einem neuen Licht. Eigentlich haben wir nichts mehr miteinander zu tun, die Stadt und ich, aber eine gewisse nachlässige Aufmerksamkeit, die nicht mehr besitzergreifend ist, verbindet uns. So können Abschiede gelingen.

Seit einigen Tagen hängt an der Innenseite der Haustür ein DIN-A4-Blatt, auf dem in roter Computerschrift, Blocksatz, mitgeteilt wird: »Achtung! der Fahrradklau geht um !!!!!!!!!!!!!!!!!!!!!!!!! Ich fordere den Entwender meines Vorderrades auf, dies umgehend zurückzugeben. Sollte das Vorderrad nicht innerhalb von 24 Stunden wieder an seinem Platz sein, werde ich die Polizei verständigen und gegebenenfalls eine richterliche Durchsuchung aller im Haus befindlichen Räume veranlassen. – Freitag 4. Juli 15.00 Uhr.« Es folgt der Name des Verfassers. Er führt den Blumenladen im Souterrain des Hauses. Das Fahrrad steht auf dem Innenhof, das durch ein Rolltor abgesperrt ist, zu dem nur Hausbewohner und Ladeninhaber einen Schlüssel besitzen. Der Florist muß also davon ausgehen, daß jemand aus der Hausgemeinschaft sein Vorderrad gestohlen hat.

Das verbittert ihn. Seine Verbitterung ist die eigentliche Botschaft dieses Schreibens. Die exakt 25 Ausrufungszeichen hinter dem ersten Satz geben davon ebenso Zeugnis wie die mühsam sich beherrschende und deshalb komische Formel vom »Entwender meines Vorderrades«. Der Hinweis auf die Polizei und eine eventuelle richterliche Durchsuchung unterstreichen, daß er es ernst meint. Bisher ist allerdings noch nichts geschehen, obwohl einige Tage vergangen sind und das Fahrrad noch immer ohne Vorderrad angekettet im Innenhof steht. Schließlich ist es auch ein sehr weitgehender Schritt, wegen eines entwendeten Vorderrades die richterliche Durchsuchung eines zweiflügligen Hauses zu erwirken, in dem es gewiß über zwanzig Parteien gibt. Diese Unangemessenheit ist dem Floristen inzwischen vielleicht klar geworden.

Vielleicht war das Schreiben aber von vornherein nur als Aufruf zur gemeinsamen Empörung gedacht, als Bitte auch um ein wenig Mitgefühl. Das hat nicht sehr viel Aussicht auf Erfolg in einer Stadt, die eine große deutsche Illustrierte in einer Titelgeschichte einmal mit dem Attribut »Hauptstadt der Diebe« versah. In einer Stadt zudem, die sich auf ihr laisser-faire soviel zugute hält, daß sie es gern auch ins Moralische verlängert. Deshalb fällt es mir schwer, dem Floristen mein Mitgefühl auszudrücken, um das er offensichtlich bittet: aus der opportunistischen Angst, mich lächerlich zu machen. Denn ich bin sicher, daß, seitdem der Zettel hängt, schon mancher lächelnd oder kopfschüttelnd davor gestanden hat – wie ich selber. Dabei ist die Empörung berechtigt. Aber hier regiert die Lebensfreude, hier ist Verbitterung untersagt.

Im Café. Am Nebentisch eine Gruppe von Jugendlichen, zwei Jungen, drei Mädchen. Zunächst führen die Mädchen das Wort, machen Scherze und amüsieren sich, bis einer der Jungen beginnt, von seinen Plänen zu sprechen, woran der andere mit einer Geschichte anschließt. Die drei Mädchen verstummen sofort, als die erste männliche Stimme sich erhebt, ihre Gesichter werden ernst und scheinbar konzentriert. Sie sind aber eher angestrengt und vielleicht auch ein wenig abwesend. Es ist selbstverständlich, daß sie schweigen und zuhören müssen, solange die Jungen sprechen, vielleicht auch zustimmend nicken oder eine Nachfrage stellen. Sie schlagen manchmal sogar die Augen nieder. Zugleich aber kann ich sehen, wie sie beobachten, nein, eher schon: *taxieren.*

Das funktioniert natürlich anders, als wenn Jungen Mädchen taxieren. In den Blicken, die sich auf die Redeführer richten, und ebenso in den nachdenklich niedergeschlagenen Augen, verbirgt sich die Frage: »Lohnt es sich, ihn zu bewundern? Ist er akzeptabel, liegen seine Fehler noch im Toleranzbereich, oder redet er gar zu eingebildet, dumm, laut, pseudowitzig?« Die Jungen, die natürlich auch reden, um sich zu produzieren, bekommen gleichwohl, das unterstelle ich, von diesem stummen Prozeß kaum etwas mit. Die drei Mädchen nehmen diese Einschätzung auch jedes für sich vor, sie verständigen sich nicht untereinander durch Blicke oder Gesten. (Wenn es wichtig war, werden sie vielleicht später darüber sprechen.) So üben sie ihre Macht aus, während sie beim Klang der männlichen Rede wohlerzogen schweigen und sich auf ihre Aufgabe beschränken, hübsch zu sein.

Köln Mediapark. Obwohl ich schon zwei Jahre in der unmittelbaren Nachbarschaft wohne, habe ich ihn bis zu diesem Sommer niemals wirklich wahrgenommen. Mein Bild von ihm war schon fertig, bevor ich ihn gesehen hatte. Dieses Bild war nicht ganz falsch. Das Gelände ist tatsächlich »eine kleine Mondlandschaft«. Neu aufgerissene Erdlöcher, von denen man nicht weiß, welche Fun-

damente eines Tages in ihnen versenkt werden sollen, verstärken diesen Eindruck. Eine Investitionsruine steht häßlich zwischen den fertig gebauten Gebäudekomplexen, und bei jedem neu begonnenen Bauvorhaben fragt man sich, ob es nicht später das Schicksal dieser Ruine teilen wird. Aber ganz unzweifelhaft *lebt* das kleine Areal, das bisher genutzt wird, und es lebt auf eine sehr spezifische Art und Weise, ganz verschieden davon, wie die City lebt oder das jeweilige Viertel. (Die kölsche Viertelsseligkeit, die in dem sentimental-verkitschten Karnevalsevergreen *In unserm Veedel* so unnachahmlichen Ausdruck gefunden hat, ist eine der Hauptquellen für die Provinzialität und Mittelmäßigkeit der Stadt.)

Der Mediapark aber ist weder die City noch ein klassisches Stadtviertel, sondern etwas zumindest für diese Stadt Neues. Paradoxerweise erfüllt sich in ihm zugleich eine nostalgische Forderung aller Kritiker der Unwirtlichkeit unserer Städte, nämlich die nach der Einheit von Arbeit, Wohnen und Freizeit. Die beiden Häuser, in denen sich bisher Medienfirmen, Rundfunk- und Fernsehsender, eine Kulturstiftung, ein Buchladen, das August-Sander-Archiv und andere angesiedelt haben (das *Agfa-Haus* und das *Komed-Haus),* werden auf der einen Seite von einem Wohnkomplex flankiert, auf der anderen von einem riesigen Kinokomplex, dem *Cinedom,* der in seinen gewaltigen Ausmaßen und seiner Glas- und Kuppelarchitektur tatsächlich etwas Sakrales hat. Daß die Wohnhäuser die Slums von morgen seien, wie ich es selber noch vor kurzem geglaubt habe, scheint sich nicht zu bewahrheiten. Die Menschen, die dort am Wochenende oder an schönen Sommerabenden auf ihren Balkonen sitzen, sehen recht zufrieden aus, und zumindest von außen ist an den Häusern noch kein Zeichen von Vandalismus wahrzunehmen, sonst immer ein Indiz für Verslumung. Die pessimistischen Prognosen der Vergangenheit werden ohnehin, so scheint mir jedenfalls, nach und nach widerlegt. Sowohl im *Agfa-Haus* wie im *Komed-Haus* befindet sich im Erdgeschoß eine Gastronomie, die nicht nur an den Arbeitstagen floriert, sondern auch an Wochenenden aufgesucht wird. Demnächst soll mit dem Bau eines Hotels begonnen werden. Kinder und Jugendliche schätzen das weitläufige gepflasterte Gelände, weil es sich gut zum Inline-Skaten und ähnlichen Fortbewegungsübungen eignet.

Das Leben im Mediapark wird überhaupt wesentlich von jungen Leuten bestimmt. Manche scheinen kaum achtzehn zu sein, die unter Dreißigjährigen jedenfalls stellen die Mehrzahl der hier Beschäftigten. Mittags, wenn sich die beiden gastronomischen Betriebe füllen, ist das leicht festzustellen. Sie fühlen sich wohl hier, winken einander zu, es herrscht *corporate identity*. Sie machen nicht den Eindruck, als fühlten sie sich in ein Ghetto am Rande der City verbannt.

Was hier entsteht, wovon noch kaum mehr zu sehen ist als die ersten Keime, das ist vielleicht eine neue Gestalt von Urbanität, die die alte, uns vertraute ablösen wird. Sie ist nicht mehr an Boulevards und Plätze gebunden. Der Tausch von Waren und Informationen verlangt zwar den Markt, aber er braucht nicht unbedingt einen Marktplatz. Und auch der Begriff des Zentrums wird seiner Aura entkleidet. Städte haben nicht länger mehr nur einen Mittelpunkt, ein Herz, ohne das sie nicht funktionieren würden. Es müssen nicht mehr die Fifth Avenue oder die Champs-Elysées sein. Überhaupt Paris: Die Stadt, die nach dem Maßstab der klassischen Urbanität zweifellos die schönste der Welt ist und auf den Flaneur und Stadtläufer immer wieder überwältigend wirkt, zieht diese überwältigende Kraft doch gerade aus ihrem leicht musealen Charakter. Nach wie vor sehr lebendig, ist sie auch ein permanentes Zitat ihrer selbst. Das Etikett von der Hauptstadt des neunzehnten Jahrhunderts oder die nostalgische Erinnerung an die *rive gauche* der Nachkriegszeit haften ihr an. (Juliette Gréco als Ehrenvorsitzende einer Vereinigung, die Saint-Germain-des-Prés vor dem kommerziellen Zugriff retten will.) Bei aller Faszination, die von der Stadt ausgeht, kann sie kaum als Modell für die Zukunft gelten. Allein schon die imperiale Geste wäre lächerlich, und würde man die architektonische Geschlossenheit von Paris imitieren wollen, wäre die Lüge offenkundig. Der Baron Haussmann unserer Zeit hätte andere Konzepte zu entwickeln. Vom Begriff wie vom Bild der Metropole muß man sich vermutlich verabschieden, auch wenn man dies derzeit in Berlin nicht glauben mag.

Es wären Konzepte, die eher dem Fragmentarischen und der Lücke verpflichtet sind. Davon ist im Mediapark einiges zu sehen. Das hängt nicht unbedingt mit einem Programm zusammen (das geschlossene Konzept fürs Fragmentarische wäre auch ein Widerspruch), sondern mit der Tatsache, daß er nicht fertig ist: auf eine so überzeugende Art und Weise, daß man sich wünscht, er möge auch nicht fertig werden. Die noch ungenutzten Flächen, die Baukrater, die Drahtzäune verbinden sich mit dem schon bebauten Gelände zu einem Möglichkeitsraum. Ein Stück roher Urbanität, die keine Perfektion vorspiegelt. Diese rohe Urbanität wird bei allen Änderungsprozessen hoffentlich bleiben, denn genau sie macht die neue Qualität dieses Geländes aus. Nichts schlimmer als die Vorstellung, die Architektur des irgendwann *fertigen* Mediaparks würde sich um eine Pseudopiazza schmiegen, auf der städtisches Leben und Flanerie simuliert werden. Die Kids mit den Inline-Skates mögen dies auch in Zukunft verhindern.

Louis Aragon hat 1924 seinen vielleicht schönsten Text einer Pariser Passage gewidmet, der Passage de l'Opéra, die heute nicht mehr existiert. »Meergrüner, gewissermaßen tiefseehafter Lichtschein, der der jähen Helligkeit ähnelt, die aufleuchtet, wenn man einen Rock hochhebt und darunter ein Bein bloßlegt.« Solche Assoziationen hätten ihn beim Gang durch eine der heutigen deutschen Ladenpassagen gewiß nicht gestreift, und auch Walter Benjamin, dessen Fragment gebliebenes Hauptwerk den Pariser Passagen insgesamt gelten sollte, hätte sich durch ihre Geschwister von heute nicht zu jahrzehntelanger lustvoller Arbeit hinreißen lassen.

Dabei haben die Passagen von früher nichts anderes bezweckt als die von heute: den Stadtspaziergänger in einen Kunden zu verwandeln, der sich im Labyrinth der Waren verliert und schließlich ihrer Verlockung erliegt. Unsere modernen Bazare und Ladenstädte aber, hat man sie einmal betreten, wecken vor allem den Wunsch, sie möglichst schnell wieder zu verlassen. Denn mehr als alles andere verbreiten sie ein Gefühl der Enge und der Traurigkeit. Wer je eine der rauchenden und pausenlos telefonierenden Damen beobachtet, die einsam in einer leeren Boutique sitzen, wird dem Impuls zum Mitleid nicht widerstehen können. Einen besonders traurigen Eindruck machen die Gastronomiebetriebe: dunkel und leer, und immer zweifelt man, ob man hier wirklich etwas bestellen könnte.

Das gilt für die billigen Passagen wie etwa den Bazar de Cologne; in anderer Form gilt es aber auch für die feinen Ladengalerien, sei es das Magna Plaza in Amsterdams ehemaliger Hauptpost oder die Kö-Galerie in Düsseldorf. Beiden Klassen ist gemeinsam, daß sie kein Geheimnis mehr bergen. In den Billigpassagen sind es die Grellheit und Dissonanz der Ladenschilder und das

Sammelsurium von Sonderangeboten, die man ganz woanders vermutet hätte, die uns vertreiben. An den nobleren Plätzen ist es die entmischte Komposition. Immer dieselben Edelmarken stehen hier Schulter an Schulter, eine geschlossene Welt ohne Geheimnis und ohne Tiefe.

Die Passage de l'Opéra beherbergte Bäder, ein Hotel und das Théâtre Moderne. Außerdem waren die Pariser Passagen, folgt man den Schilderungen von Aragon und Benjamin, unter anderem auch ein Ort des Verbotenen und der käuflichen Lust. Das ist nun wahrlich in den heutigen undenkbar, allein deshalb schon, weil in ihnen das urbane Leben, das den ganzen Tag nicht richtig wach geworden ist, am frühen Abend sanft entschlummert und, allen Bemühungen der Gastronomie zum Trotz, der Leere Platz macht.

Die Enttäuschung, die diese Orte unweigerlich für den Besucher bereithalten, hängt damit zusammen, daß sie keine wirklichen Passagen mehr sind, sondern shopping malls. Wer sich in ihnen bewegt, bekommt gleichsam körperlich mitgeteilt, daß seine Bewegungen dem Konsum zu dienen haben. Er wird nicht gelockt und verführt, sondern gezerrt und vergewaltigt. Das ist nicht anders als im herkömmlichen Warenhaus. Zur klassischen Passage aber, das ist seit Walter Benjamin Credo und Gemeinplatz der Intelligenz, gehört die Figur des Flaneurs. In den shopping malls ist die Flanerie ebenso wenig möglich wie im Warenhaus. Man schlendert hier nicht, sondern wird geschoben und möchte zwischendurch immer wieder Augen und Ohren schließen. Weniger zarte Gemüter allerdings haben damit keine Schwierigkeiten, sondern werden eher angeregt. Für sie sind solche shopping malls eine weitere Erlebniswelt wie Phantasialand oder das Spaßbad. Darauf beruht das Konzept eines Unternehmens wie Centr*O*. in Oberhausen. Hier hat auf dem Sektor des Konsums endgültig die Demokratie und die Gleichheit gesiegt. Aragon und Benjamin mit ihren ausgeprägten Sympathien für den Marxismus hätten sich dennoch, dessen darf man gewiß sein, angesichts dieses Sieges vor Ekel geschüttelt.

Auf manchen Sektoren haben sich im Zuge dieses Prozesses demokratische Monokulturen gebildet für die Angehörigen der Mittelschicht oder diejenigen, die sich dafür halten. Während dem bekannten unmöglichen Möbelhaus aus Schweden längst der Einbruch in alle Klassen gelungen ist, zielt *habitat* mit seinem etwas verfeinerten Design auf den als geschmackssicher eingeschätzten Angestellten, Computerfachmann, Intelligenzler. Man präsentiert sich auch nicht auf der freien Wiese, sondern in der City, und zwar möglichst in bester Lage. Nicht das Preiswerte wird betont, sondern Urbanität, und die Geschäfte sollen so intim sein, wie es gerade noch möglich ist: keine Regale für Selbstabholer in riesigen Lagerhallen. Aber auch hier tragen die Möbel noch Namen, damit man sie besser rufen und nach Hause tragen kann, nur, daß sie nicht skandinavisch sind, sondern Slumber, Lennox, Verdi oder Abanto heißen.

Auf dem Sektor des primären Narzißmus, der Körperpflege, hat sich der *Body Shop* dieser Zielgruppe bemächtigt. Wie hier Seifen, Badeöle, Shampoos, Haargels, Düfte verpackt werden, das hat zum einen den Hauch von Luxus, ist aber nicht elitär, sondern demokratisch. Jeder Gutwillige, so ist die Botschaft, kann und soll an diesem Luxus teilhaben. Als gutwillig muß er sich allerdings erweisen. Das ist nicht schwer, denn sein ökologisches Gewissen wird gleich zweifach erleichtert. Zum einen kann er sich sein Fläschchen mit dem Pink Grapefruit Badeöl immer wieder auffüllen lassen (»Wir wollen alle unsere Verpackungen zurück!«), und zum anderen wird ihm versichert, daß alle diese Produkte, die dem eigenen Leib schmeicheln, ohne Tierversuche entwickelt wurden.

Die Kunden, die sich in diesen demokratischen Monokulturen bewegen, kennen sich aus. Ihre Gesichter sind noch freudiger erregt als sonst beim Konsum, weil ihnen hier nicht die einzelne Ware, sondern eine ganze Lebensform angeboten wird. Sie müssen nur ja sagen, müssen nur kaufen, um dazuzugehören. Zuweilen nicken bei der Begutachtung der einzelnen Stücke zwei Kundinnen einander zu, die sich vorher nicht kannten; Paare kommen miteinander ins Gespräch. Es ist der Ort, der sie eint. Eine vernünftige, praktische, geschmackvolle Welt, in der kein Platz für Katastrophen ist.

Nach dreizehn Tagen ist der Zettel des Floristen verschwunden, nicht nur an der Haustür, sondern auch an allen anderen Stellen, an denen er hing. Das heißt nicht, daß das Vorderrad wieder aufgetaucht wäre. Das Fahrrad steht noch immer amputiert und angekettet im Innenhof. Hat er aufgegeben, oder ist stillschweigend eine Lösung gefunden worden, die nur noch nicht sichtbar ist? Jetzt tut es mir leid, daß ich ihn nie auf sein Mißgeschick angesprochen habe. Mit anderen, das hörte ich, wenn ich an der offenen Ladentür vorbeiging, hat er durchaus darüber diskutiert. Ich dagegen hatte bei jeder Begegnung eine Scheu davor, von diesem Vorderrad zu sprechen, beinahe so, als fürchtete ich, dadurch auffällig zu werden. Nun scheint es mir zu spät, und ich werde vermutlich nie erfahren, ob die Entfernung des Zettels Ausdruck von Triumph oder Resignation ist. Gewiß, ich könnte die Nachbarn fragen, bevorzugt die anderen Geschäftsleute im Souterrain des Hauses (Reinigung, Zeitungsladen, Lebensmittelgeschäft), aber ich fürchte, mich dadurch, sollte sich der Vorfall nicht geklärt haben, noch verdächtiger zu machen. Die Paranoia ist auf allen Seiten.

Zwei deutsche Wochenzeitschriften, beide in Hamburg ansässig, widmen sich in derselben Woche demselben Thema, der Kriminalität. Soll man härtere Methoden zur Bekämpfung wählen (beide Zeitschriften gelten als »liberal«), nach dem New Yorker Vorbild, wo das angeblich zum Erfolg geführt hat? Die Straßen säubern, die nur so wimmeln von Drogenhändlern, Wegelagerern, Junkienutten? Der Florist wäre nach seinen Erfahrungen sicher dafür. Mir erscheinen die kleinen Kriminellen dagegen eher ängstlich, verwickelt in einen furchtbaren Existenzkampf und immer unter Zwang, sich zu rechtfertigen. Wenn man mit ihnen spricht, kommt die Standardklage, die Polizei solle sich nicht um sie, sondern um die großen Fische kümmern. Manchmal, wenn sie an den Straßenecken stehen und über Termine verhandeln, bin ich versucht, zu ihnen zu gehen und ihnen zu sagen, daß sie vor den ehrbaren Bürgern keine Angst haben müssen.

In der Mittagspause im Mediapark strömen die jungen Mitarbeiterinnen von VIVA ins Restaurant, das um diese Zeit praktisch als Kantine funktioniert. Die jungen Gesichter lassen mich einen Augenblick zweifeln, ob diese Mädchen tatsächlich schon im »Erwerbsleben« stehen, dazu noch in einer zukunftsorientierten Branche. Aber es handelt sich wirklich nicht um eine Besuchergruppe aus irgendeinem Gymnasium, die sich das alles ansehen möchte, es sind tatsächlich die Mitarbeiterinnen des Senders. Während sie ihr Essen holen, beginnen die Gespräche mit Kollegen. Sobald sie den Mund aufmachen, erfährt man, daß ihre Arbeit ihnen noch keine Selbstsicherheit, keine unangestrengte Souveränität vermittelt hat. Jeder ihrer Sätze ist der forcierte Versuch, diese Selbstsicherheit zu gewinnen. Sie bemühen sich, locker und witzig zu sein, den richtigen Jargon zu treffen, die Zugehörigkeit zu demonstrieren. Die Anstrengung, geistreich und gescheit zu sein, das richtige Bonmot zu finden, erfordert erhebliche Konzentration und Energie, fast wie einst am Hof von Versailles. Das ist nicht unsympathisch, ich drücke ihnen unwillkürlich die Daumen, daß niemand sich blamiert. Zugleich frage ich mich, ob es nicht viel einfacher für sie wäre, ihre Anstrengungen zu unterlassen und einfach da zu sein, was gewiß eine viel größere Überzeugungskraft hätte. Dann erinnere ich mich daran, daß kaum jemand in diesem

Alter die Fähigkeit hat, einfach nur da zu sein, sondern daß es darum geht, in den Blicken der anderen einen Platz zu finden und ihn gegen die Konkurrenz zu verteidigen. Später vergißt man immer wieder leicht, daß dies ein Lebensalter erbarmungsloser Kämpfe ist, denen kaum jemand sich entziehen kann.

Das muß es gewesen sein, was mich sofort an M. faszinierte, als ich sie das erste Mal beobachtete, beim Billardspielen. M. war allerdings »damals«, vor zwei Jahren also, schon vierundzwanzig, einer anderen Generation angehörig als die VIVA-Mitarbeiterinnen. In der Art, wie sie den Billardtisch fixierte, wie sie umständlich ihre Brille aufsetzte, sah ich, daß sie sich nicht darum kümmerte, wie sie in den Augen der anderen wirkte. Oft wußte sie nicht einmal, daß sie beobachtet wurde. Die Sorgfalt und der sichere Geschmack ihrer Kleidung, ihre schöne Eitelkeit, die ich später kennenlernte, widersprachen dem nicht.

Später, als wir zusammen waren, erlebte ich in der Tat kaum einmal, daß sie sich bemühte, durch die Art ihres Sprechens in den Augen anderer zu glänzen, und wenn sie doch einmal versuchte, geistreich zu sein und ein Bonmot zu plazieren, erschien sie mir sofort dümmer. Meistens sagte sie einfach nur, was ihr auffiel oder was sie dachte, und statt daß dies platt und langweilig wirkte, machte es sie rätselhaft und interessant, weil diese gleichsam kunstlose Art des Sprechens so selten ist. Dabei war sie keineswegs die reizende Naive, sondern wußte sehr wohl um ihre Wirkung auf Männer. Sie begnügte sich aber meistens damit, sich daran zu erfreuen und setzte sie nur manchmal bewußt ein, um ein bestimmtes

Ziel zu erreichen. Sie mußte nicht pausenlos ihre Position bestimmen, vielleicht gerade weil diese damals völlig unklar war. Als ein Freund von mir die durchaus interessiert gemeinte Standardfrage stellte, was sie denn mache, antwortete M.: »Ich mache nichts, und damit kommen die meisten nicht klar.« Heute weiß ich, daß diese Sätze auch ein trotziges Moment der Verteidigung und der Selbstvergewisserung enthielten, aber damals war ich einfach nur hingerissen davon, wie von allem, was sie sagte oder tat.

Bei allem angestrengten und anstrengendem Hedonismus in dieser Stadt, bei den in diesen schönen Sommertagen wieder den Ring entlangrollenden Cabrios mit voll aufgedrehten Anlagen: die Tendenz zur Innenwelt, zur Besinnung auf sich selbst nimmt dennoch zu. Allerdings in einer Weise, die nicht unbedingt beruhigend ist. Das Mädchen auf dem Fahrrad, das sich mit einem Walkman nach außen abschließt und dabei laut und vermutlich falsch eine Musik mitsingt, die außer ihm niemand hören kann, gehört zu den eher normalen Erscheinungen. Man kann hier noch kaum von abweichendem Verhalten sprechen. Anders sieht es bei dem etwas vierschrötigen jungen Mann aus, der mit rudernden Armen und leicht nach links vornüber gebeugt durch die Venloer Straße geht und dabei seine Ordnungsphantasien verbreitet, die in dem Satz kulminieren: »Ich muß alle Straßen überwachen.« Der leichte Schimmer von Wahn in seinen Augen ist dabei unverkennbar. Vielleicht sind Männer wie er für die Durchsetzung der ordnungspolitischen Vorstellungen geeignet, mit denen uns Gerhard Schröder vor kurzem überrascht hat.

Die Zunahme des öffentlichen Selbstgesprächs ist nicht zu übersehen, und nicht selten ertappe ich mich selber dabei. Dem entspricht, daß der Versuch der Kontaktaufnahme mit anderen oft groteske und peinliche Formen annimmt. An der Kasse bei Saturn wiederholt ein kleiner Mann mittleren Alters, nachdem er seine Videocassetten bezahlt hat, dreimal, sehr langsam, flehend fast in dem Versuch, das Gespräch noch nicht abzubrechen: »Ja, dann – auf Wiedersehen, schönen Tag noch!« Die Kassiererin nickt dreimal geradezu besänftigend, als wittere sie Gefahr, befürchte einen bevorstehenden Amoklauf. Nach dem dritten Mal muß der kleine Mann in seiner Verzweiflung erkennen, daß die Möglichkeiten des Kontakts an dieser Stelle ausgeschöpft sind und er sich nun trennen muß. Langsam entfernt er sich. Niemand sagt etwas, niemand lacht, niemand nimmt Blickkontakt mit dem Nachbarn oder der Kassiererin auf, jeder möchte diese Momente so schnell wie möglich vergessen.

Belle erzählt mir, daß der zentrale Platz im Mediapark, dort, wo die Rollerblades kreisen und kleine Kinder in diesen heißen Tagen nackt im Brunnen planschen, der Piazza in Siena nachgebildet ist! Da ist also meine stumme Befürchtung, eine Pseudopiazza solle einst im fertigen Mediapark städtisches Leben simulieren helfen, längst Realität geworden. Zum Glück funktioniert es noch nicht so recht.

In der Mittagshitze gehe ich auf der Aachener Straße an einem Restaurant im Bistrostil vorbei, das seine größte Zeit in den achtziger Jahren hatte. Jetzt sitzen gerade zwei Männer dort und essen zu Mittag, obwohl das Restaurant unverändert hell und freundlich ist und an diesem Tag gewiß zuverlässig vor der Hitze schützt. Die Männer sind in meinem Alter und vermutlich in der Werbebranche, im Konzertgeschäft, im Kunsthandel oder Ähnlichem tätig. Die auf einer weißen Tafel handgeschriebene Speisekarte im Fenster zeigt an, daß es noch immer Salate mit Putenleber gibt, Entenbrust, Nudeln mit Trüffeln, Saibling. Dagegen ist nichts zu sagen, denn die größte Errungenschaft der achtziger Jahre in unserem Land war vielleicht die Aneignung des guten, geschmackvollen und komponierten Essens als Alternative zur Pizza- und Gyroskultur, die Ablösung des großen Fressens. Dennoch kann ich mich nicht dafür entscheiden, das Restaurant zu betreten. Der Anblick der beiden Männer macht mich traurig. Wie sie dort sitzen und miteinander sprechen und ab und zu an ihrem Wein oder ihrem Mineralwasser nippen, scheinen sie mir die Zitate eines unvorstellbar lange vergangenen Jahrzehnts zu sein. Schon öfter in den letzten Monaten ist mir aufgefallen, wenn ich an solchen Lokalen vorbeiging und dort die leicht erschöpften ehemaligen Yuppies und alternden Geschäftsfrauen sah: wie weitgehend anachronistisch die Formen der achtziger Jahre heute schon wieder wirken, und wie sehr doch bei mir, und vielleicht auch bei anderen, die Sehnsucht danach fortlebt.

Woran können wir uns noch erinnern aus diesem Jahrzehnt, das durch die Ereignisse des Jahres 1989 plötzlich wie ausgelöscht war? Die Postmoderne fällt uns natürlich ein, das Wort vom Ende der Geschichte, Dekonstruktivismus vielleicht. Selbstverständlich Reaganomics und Thatcherismus. Aber das gibt nicht die eigentlichen Farben, den eigentlichen Geschmack dieser Jahre wieder und erklärt nicht die Sehnsucht nach ihnen.

Vor allem anderen sind sie mir in Erinnerung als eine Zeit, die *aufgeräumt* hat, aufgeräumt mit dem ganzen unerträglichen und erstickenden Gerümpel, das die siebziger Jahre angehäuft hatten. Gewiß lief diese »Wende« nicht genau mit dem Jahrzehntwechsel synchron. In der Popmusik begann sie schon früher, in der zweiten Hälfte der siebziger, als Punk und dann New Wave den ganzen Bombast ablösten, der vorher dominiert hatte, diese triefenden Tongebirge, dieses Bayreuth der Popmusik. New Wave war die beste Musik seit anderthalb Jahrzehnten, und selbst die deutsche Popmusik brachte es in diesen Jahren in Gestalt der Gruppe *Ideal* kurzfristig auf Weltniveau.

Dazu wurde überall der Plüsch entfernt, aus den Kneipen und Wohnungen, und es wurde hell, zuweilen gar neonhell. Es war, als würden nach langer Zeit plötzlich überall die Fenster aufgerissen. In der Kleidung machte sich zum ersten Mal seit Jahrzehnten das Bemühen um Eleganz bemerkbar, mit mehr oder weniger geglücktem Resultat, während Kleidung bis dahin etwas mit Meinungsbildung und Gesinnung zu tun gehabt hatte. Die jungen Leute gaben ganz offen zu, daß sie Geld verdienen oder berühmt werden wollten, oder auch beides, ein Programm, das im Jahrzehnt zuvor vollkommen inakzeptabel gewesen wäre. Denn in diesem Jahrzehnt wurden große äußere und innere Kämpfe geführt. Wie merkwürdig verschlungen das Verhältnis von Innenwelt und Außenwelt in den siebziger Jahren war, läßt sich noch immer am genauesten in Michael Rutschkys großem Essay *Erfahrungshunger* nachlesen. Am Ende ließ sich dieses Verhältnis nicht mehr aufrechterhalten, und auch wenn es eine etwas zugespitzte These ist, ist es doch legitim zu sagen, daß diese siebziger Jahre ziemlich genau am 18. Oktober 1977 zu Ende gingen.

Dann also die Achtziger, mit ihrer Lebenszugewandtheit, ihrer Helligkeit, ihrem frischen Wind und auch ihrer Windigkeit: denn der Schwung dieser Jahre war wesentlich auf einer durch neue Ökonomie initiierten Scheinblüte aufgebaut, durch die zwar einige wirklich sehr reich wurden, die aber keine weiterführenden Lösungen zeigte. Vielleicht kann man sagen, daß das Lebensgefühl wieder »existenzialistisch« wurde, daß die großen Glaubenssysteme, »die großen Erzählungen« eben, abgedankt hatten und abgelöst wurden durch eine Zeit individuellen, aber durchaus fröhlichen Glücksrittertums. Der Existentialismus drückte sich in einer Vielzahl von Existenzgründungen aus, die zumindest in unserem Land kräftig durch Existenzgründungsdarlehen gestützt wurden.

Eine anstrengende Zeit, für die, die auf ihrer Höhe bleiben wollten, war es auch. Geschwindigkeit und Beschleunigung gewannen eine neue Qualität, und wer berühmt werden wollte, hatte auch dazu nicht viel Zeit. Paul Virilio entwickelte seine Geschwindigkeitstheoreme und seine Ästhetik des Verschwindens in dieser Zeit. Diese dem Jahrzehnt eigene Hybris (eine andere als die der »bleiernen Zeit«) führte dazu, daß viele es gar nicht schafften und heute ziemlich traurig sind, und daß andere es nur die bekannten Warholschen fünfzehn Minuten lang schafften und heute noch viel trauriger sind.

Anstrengend war für manche auch der Umgang mit dem Luxus, dessen Möglichkeiten man endlich nutzte. Gewisse Formen des Ungeschicks waren anfangs unvermeidlich: Überparfümierung etwa, oder das »Einen schönen Abend noch!« von Kellnern um drei Uhr nachts, oder das Straußensteak an Wirsinggemüse. Der Hedonismus war nicht leicht zu lernen, auch für die nicht, die an den Auseinandersetzungen der siebziger Jahre nicht mehr unmittelbar teilgenommen hatten. Aber sie lernten trotzdem schnell dazu, die Protagonisten der achtziger, und selbst das Ungeschick, die Übertreibungen hatten etwas Leichtes, Fröhliches, vor allem für teilnehmende Beobachter wie mich, die vom Alter her in diesem Jahrzehnt nicht mehr unter dem Druck standen, ihre Identität auszubilden.

Dieses scheinbar schon so lang vergangene Jahrzehnt läßt sich auch als ein verzweifelter und vermutlich letzter Versuch begreifen, Urbanität im klassischen Sinne wiederherzustellen. Das Jahrzehnt zuvor hatte die Abkehr von der Stadt propagiert. Neben dem Volkskrieg war auch die Landkommune eine Erfindung dieser Zeit. Beide verbindet der antizivilisatorische Affekt. Die Achtziger versuchten die Rückkehr in die alte Metropole, mit ihren Boulevards und Avenuen und ihren zentralen Plätzen, an denen man sich traf. Die gültige Metropole in diesem Jahrzehnt war New York, so wie es in den sechzigern London und in den fünfzigern Paris gewesen war:

die siebziger Jahre kannten bezeichnenderweise keine verbindliche Traumstadt. New York also, genauer Manhattan, eine Halbinsel, die seit langem jeder, der noch nie dort war, aus dem Kino kannte, war das städtische Leitbild der achtziger. Dies war natürlich keine willkürliche Entscheidung, sondern hing damit zusammen, daß die Vereinigten Staaten von Amerika in diesem Jahrzehnt, nach den Selbstzweifeln und Depressionen der beiden vorhergehenden, ihren endgültigen Siegeszug antraten, der 1989 gekrönt wurde. In New York schien sich Urbanität noch einmal zu erneuern, in modernster und dennoch vertrauter Gestalt. Die Avenues von Manhattan unterscheiden sich nicht wesentlich von den Pariser Boulevards; beiden liegt das Ideal der wohlproportionierten und damit in sich geschlossenen Stadt zugrunde. Ich erinnere mich, wie sehr ich sofort vom europäischen Charakter der Stadt fasziniert war, als ich mit Laura 1981 nach New York kam. Das nahm mir auf der Stelle alle Furcht vor einem unbekannten und irgendwie bedrohlichen Amerika. Daß Manhattan uns allen schon aus dem Kino bekannt war, muß für die damaligen Jahre noch spezifiziert werden: es war das Kino Woody Allens, das uns diese Halbinsel nahebrachte, das Kino eines Filmemachers also, der in Europa weit mehr geschätzt wird als in den Vereinigten Staaten – vielleicht mit Ausnahme des New Yorker Publikums. Am Ende unserer New Yorker Woche waren Laura und ich zusammen mit unseren amerikanischen Freunden auf einer Loft Party in der zehnten Straße, und damit waren wir wirklich in einem Woody-Allen-Film gelandet. Junge kreative Menschen wurden ständig einander vorgestellt, erzählten sich von ihren Projekten und aßen und tranken dabei, alles im Stehen. Kein einziges von den Gesichtern habe ich in Erinnerung behalten, außer denen von Carrie und Doug, dem befreundeten Paar, das wir damals in New York besuchten und das uns auf diese Party geschleppt hatte. Diese Geste war durchaus als Folklore gedacht. Es werde, so hatte Carrie schon vorher gesagt, auf dieser Fête *woody-allenish* zugehen.

Das Amerika, das in den frühen achtzigern seinen Siegeszug antrat, hatte jedoch mit der Urbanität New Yorker Zuschnitts wenig zu tun. Es war das pazifische Amerika, das Amerika der Westküste, für das New York eher das Symbol von Verkommenheit und Schmutz war. (Diane Keaton im »Stadtneurotiker«, nachdem sie nach Kalifornien gezogen ist, zu Woody Allen: »New York, das ist doch nur Müll.« Darauf Allen: »Na und, ich mag Müll!«) Am Siegeszug beteiligt war auch das Amerika von Dallas, das als Serie gerade in den frühen achtzigern das deutsche Fernsehen erreichte. Ein Amerika, dessen Stadtbilder nicht mehr europäische Reminiszenzen hervorrufen, mit einem Zentrum oder einigen wenigen, sondern deren Prinzip die Ausdehnung ist, die Zunahme der Peripherie, die Entmachtung des *einen* Schwerpunkts und seine Verteilung auf viele kleine Kraftfelder, eine Entwicklung, die Manhattan schon wegen seiner Gestalt als Halbinsel verwehrt ist.

Dennoch war New York zweifellos die Metropole der achtziger Jahre, auch für uns Europäer. Daß der Begriff Metropole auf die Stadt noch angewandt werden konnte, zeigt allein schon den nostalgischen und leicht melancholischen Zug, der bei aller Energie und Leichtigkeit von Anfang an durch das Jahrzehnt ging. Der verstärkt sich, wenn man heute noch einmal die in New York gedrehten und New York feiernden Filme aus jener Zeit sieht. Die haben etwas anrührend Altmodisches. Es wäre so schön gewesen mit der Wiederherstellung der Urbanität, aber dieser Versuch war von Anfang an mehr Zitat als Jetztzeit.

In Köln eröffneten während dieses Jahrzehnts im Bereich um den Neumarkt herum mehrere neue Passagen, von denen eine der ersten der Olivandenhof war, eine zweigeschossige shopping mall mit den Rolltreppen als Zentrum, schon ganz nach dem Warenhausprinzip aufgebaut. Auf der zweiten Etage kann man auch direkt vom Olivandenhof ins Karstadt gehen oder umgekehrt. Zu Zeiten der Eröffnung, gut ein Jahr vor dem Mauerfall, war sie hier *das* konsumistische Inbild der achtziger Jahre, deren Motto ja nicht allein hieß »Bereichert euch!«, sondern ebenso »Konsumiert mit Stil!«. Das Publikum in den ersten Jahren zeigte die fröhliche, durch Kreditkarten gestützte Gier dieser Zeit. Im gastronomisch dominierten Basement (auch das eine Anlehnung ans Kaufhaus) fanden sich entsprechend neben der Champagnerbar und der Dependance eines Weinhauses auch ein gehobenes Fischrestaurant, ein teurer Käseladen und ein edles Geschäft für Obst und Gemüse. Die drei letztgenannten sind verschwunden. Keine Austern mehr, kein Tomme de Savoie und keine Mangos. Statt dessen gibt es ein Reformhaus, und man kann jetzt im Grill *Zur Arche* einkehren, den man außerhalb dieser Umgebung schlicht

BODY

als Gyros-Bude bezeichnen würde. Dazu scheint jedoch kaum jemand Lust zu haben, denn fast immer sieht man die Griechen, die dieses Geschäft in Gang zu setzen versuchen, im trauten Gespräch miteinander beim Warten auf Kundschaft.

Auch in den oberen Etagen haben sich manche Geschäfte zurückgezogen und sind durch etwas obskure Läden für Bijouterie oder dekorativen Statuenkitsch fürs Wohnzimmer ersetzt worden. Einige der üblichen Ketten haben nach wie vor ihre Dependancen hier, die Parfümerie Douglas etwa und Görtz 17. Vom Luxuswillen der achtziger Jahre aber ist nichts mehr zu spüren, außer dem Glas Champagner für vierzehn Mark. Wenige Wochen vor Weihnachten ist der Olivandenhof so leer wie in Ferienzeiten, und es regiert die Melancholie.

Nachmittags im Stadtgarten-Restaurant. Von meinem Tisch kann ich zwei Frauen beobachten, um die dreißig Jahre alt, und einen Jungen zwischen vier und fünf. Eine der beiden Frauen ist etwas später gekommen, während Mutter und Kind schon bestellt hatten, und nach der durchaus herzlichen Begrüßung des Kindes verwickeln sich die beiden Frauen schnell in ein lebhaftes Gespräch. Das Kind sitzt dabei, scheint sich aber nicht zu langweilen oder unglücklich zu sein. Im Gespräch, so meine ich zu hören, geht es auch um die Klage über den Mann, aber exakt verstehe ich nichts, und mein Eindruck ist vielleicht nur ein eingeschliffener Reflex, weil ich glaube, daß es in den Gesprächen von Frauen dieser Generation immer um diese Klage geht. Eine Paranoia, die mir vermutlich der Erfolg von Eva Heller, Hera Lind und anderen eingegeben hat.

Nun macht sich aber der kleine Junge bemerkbar und tut seiner Mutter kund, daß er »Pipi machen« muß. Die Mutter ergreift seine Hand als Zeichen, daß es gleich losgehen kann und beendet noch schnell eine Geschichte, dann wendet sie sich ihrem Sohn zu, der freudig zu ihr aufschaut, beinahe erregt. Man sieht, während die beiden aufstehen, in seinem Gesicht und in seinen leuchtenden Augen deutlich die Vorfreude auf dieses erotische Ereignis, das ihn jetzt erwartet, gemischt mit der Bewunderung für seine schöne Mutter. Nun machen sich die beiden auf den Weg durchs Lokal zur Treppe, die ins Untergeschoß führt.

Als sie nach einiger Zeit zurückkehren, ist der Ausdruck der Erregung im Gesicht des Jungen einem ruhigen Lächeln gewichen, das Zufriedenheit ausdrückt, Befriedigung eben, und in dem auch eine kleine Spur von Stolz zu finden ist. Auch die Mutter lächelt. Die Freundin, die in der Zwischenzeit in einem kleinen Buch gelesen hat, hebt den Kopf, als die beiden zum Tisch zurückkehren, und lächelt ebenfalls. Dann setzen die beiden Frauen das Gespräch fort, während der Junge von seiner Fanta trinkt und danach zu träumen beginnt.

Bei M. hatte ich, schon als ich sie zum ersten Mal sah, den Gedanken: »Wenn sie jemals meine Geliebte werden sollte, ich müßte sie auf Händen tragen.« Allein durch ihre fragile Erscheinung, auch aber durch die Langsamkeit, fast Unsicherheit ihrer Bewegungen, rief sie den Beschützerinstinkt in mir wach. Als ich ihr später davon erzählte, lächelte sie und sagte: »Ja, alle wollen mich beschützen, glauben, daß ich in Gefahr bin. Aber keine Angst, Unkraut vergeht nicht.«

Auf Händen tragen heißt natürlich mehr, als nur beschützen zu wollen. Mein Verhältnis zu ihr war wirklich ganz altmodische Verehrung mit dem Ziel, sie zu heiraten, ihr Kinder zu machen und für sie zu sorgen. Vielleicht wußte ich das erst nach dem abrupten Ende unseres Glücks, aber der Instinkt, der Wunsch dazu waren von Anfang an da, gleich nach der ersten Nacht. Und dieser Wunsch war zum ersten Mal da, zum ersten Mal jedenfalls stark und konkret auf eine Person bezogen, nicht nur als flüchtiger Gedanke: *ach, das wäre auch mal ganz schön.*

Dabei ist mir klar, heute, daß wir aus sehr verschiedenen Welten kamen, daß wir, um diese fürchterliche Wendung der anderen zu gebrauchen (jener, die zusehen und nichts verstehen), daß wir »nicht zueinander gepaßt hätten«. Es war mir damals schon klar, doch manchmal wächst die Liebe gerade durch den verzweifelten Versuch, wider besseres Wissen das Gegenteil zu beweisen. Auch ist deutlich, daß es die Verschiedenheit war, die den Reiz ausmachte. Meine Erleichterung darüber, daß M. kein Interesse an meinen Büchern hatte, sie nicht lesen wollte. Ihre Hingabe ans Bridgespiel, von dem ich keine Ahnung habe, das sie aber seit fast zehn Jahren beinahe professionell betrieb, mit Teilnahme an den Deutschen Jugendmeisterschaften. Überhaupt liebte sie Spiele fast jeder Art, während ich nur einige wenige mag. Wir waren nie zusammen im Kino, aber unser Kinogeschmack dürfte sehr verschieden gewesen sein.

Natürlich gab es auch Gemeinsamkeiten, über die wir uns verständigen konnten, wortlos fast: die Freude am guten Essen und an guter Kleidung. Einmal, bevor wir ihre winzige Wohnung verließen, um essen zu gehen, ging sie mit der Kleiderbürste über ihren leichten Mantel und danach an einer Stelle über mein Sakko. Eigentlich hasse ich es, wenn Menschen unaufgefordert an meiner Kleidung herumfummeln, es macht mich aggressiv. An diesem Abend aber war das für mich einer der größten Liebesbeweise, die man erbringen kann. Sie wollte ihren Liebsten makellos präsentieren oder auch nur für sich haben, so verstand ich das. Es gab noch ein paar andere Gesten solcher Art, die mit meinen Sachen zusammenhingen; eine davon, in Amsterdam, ist bis heute für mich so ergreifend, daß ich sie niemals aufschreiben und nur ganz wenigen Menschen erzählen könnte.

Auch ich übrigens wollte meine Liebste makellos, in ihrer ganzen zerbrechlichen und doch leuchtenden Schönheit präsentieren oder auch nur für mich haben. Wir spiegelten einander, wir pflegten unsere Eitelkeiten gemeinsam und gegenseitig.

Das sind Gemeinsamkeiten, Geheimnisse, Haltungen, die die Verliebtheit mit sich bringt und die ihrerseits die Verliebtheit steigern. Sonst aber gab es in unserem jeweiligen Leben Bereiche, die wir zwar nicht gezielt voreinander verbargen, von denen wir beide jedoch annahmen, daß sie den anderen nicht interessieren würden. Ich erzählte nichts von meiner Arbeit, und ich hatte auch nicht das Bedürfnis dazu. M. sagte nie, wenn sie für einen Nachmittag oder gar einen ganzen Tag keine Zeit hatte, wohin sie verschwand (außer, es handelte sich um ein Bridgeturnier), und ich fragte nie.

Vermutlich nahm das Fremde mehr Raum ein als das Gemeinsame. Das hätten die anderen gemeint mit dem Satz, daß wir nicht zueinander paßten. Was sie nicht hätten verstehen, nur zur Kenntnis nehmen können, wäre dies: daß ich in den Wochen, in denen ich mit M. zusammen war, mich zum ersten Mal in meinem Leben nicht einsam gefühlt habe, nicht eine Sekunde lang. Diese Erfahrung ist für mich so sehr an die Person von M. gebunden, an ihre Bewegungen, ihre Art des Sprechens, ihr Lachen und ihren Gang, an ihre Anwesenheit, noch wenn sie abwesend war, daß ich nicht glaube, sie noch einmal machen zu können.

Als ich vor kurzem eine Rose bei ihm kaufte, habe ich dann doch den Floristen nach seinem Vorderrad gefragt. Es ist nicht wieder aufgetaucht. Zwar hat er einen Verdacht, erzählt er mir, aber er kann nichts beweisen. Nun hat er kapituliert und bindet ein Schleierkraut zu meiner Rose, bevor er sie mir reicht.

Die aufschlußreichste Geschichte über Köln ist die von den Heinzelmännchen. In ihr manifestiert sich der Kölner Traum. Man wacht morgens auf, und alle Arbeit ist schon getan. Dann kann man Karneval feiern, 365 Tage im Jahr. Daß Feste ihren Wert und ihren Glanz nur gewinnen können als das Komplementäre der Arbeit, der Mühe, davon weiß man hier wenig.

Der zunehmende Autismus, der Rückzug auf sich selbst können manchmal ein sehr glückliches Gesicht tragen. In der U-Bahn in Bonn, auf dem Weg zu den Museen, sehe ich ein junges Mädchen südeuropäischer Herkunft, höchstens sechzehn oder siebzehn, mit einem Walkman und einem Säugling auf dem Arm. Ich habe die beiden schon beim Warten bemerkt; jetzt sitze ich auf der anderen Seite des Ganges und kann sie genau beobachten. Das junge Mädchen, während es glücklich der Musik lauscht, sieht ebenso glücklich auf den Säugling herab, ebenfalls ein Mädchen, von dem ich nicht sicher bin, ob es sich um die eigene Tochter handelt oder eine Schwester oder einfach ein anvertrautes Kind. Dann beginnt es, die Kleine mit der Flasche zu füttern, und das Glück, das sich auf seinem Gesicht spiegelt, scheint gleichermaßen von der Ankoppelung an die Musik und der Symbiose mit dem Säugling herzurühren.

Einige Tage zuvor habe ich an der Kreuzung Brüsseler Straße/Bismarckstraße eine junge Frau gesehen, die am Steuer ihres Wagens in ruhiger Konzentration in einem Buch las, während die Ampel auf Rot stand. Das war kein hektisches Blättern, da wurde auch kein Stadtplan studiert und kein Terminkalender durchgesehen, es war entspannte, fast versunkene Lektüre. Nur einmal sah sie kurz auf zur Ampel, um sich zu vergewissern, daß es noch nicht weiter ging, dann kehrte sie zum Buch zurück.

Zweimal Glück also, und gewiß handelt es sich hier nicht um wirklichen Autismus. Die junge Frau ist ja immerhin mit ihrem Buch beschäftigt, und das Mädchen in der U-Bahn sogar mit der Musik und dem Säugling zugleich. Eher müßte man von Situationen der Geborgenheit sprechen, die trotz ihrer Öffentlichkeit unantastbar sind. Je länger ich darüber nachdenke, desto mehr erinnere ich mich, schon früher solche Glückssituationen beobachtet zu haben – ausnahmslos bei Frauen.

Die Männer nehme ich dagegen überwiegend im Rudel wahr. Das liegt zum einen an lokalen Gegebenheiten. In der Nähe meiner Wohnung konzentrieren sich die Verwaltungen einer ganzen Reihe von Versicherungsgesellschaften, deren Angestellte mittags zwischen kurz nach zwölf und halb zwei in die umliegenden Restaurants zum Essen strömen oder aber, zumal bei Sonnenwetter, sich mit Sandwich- und Hamburgervariationen versorgen und durch die Straßen laufen. Wenn dabei Männer unter sich sind, hat ihr Zusammensein oft etwas Sportives. Ihr Gang ist oft rudernd, zuweilen rempeln sie sich an, wobei Absicht und Versehen nicht klar zu unterscheiden sind, ausgefahrene Ellenbogen gehören zur Grundbewegungsart. Lautstark erzählen sie sich Geschichten oder Episoden, die für sie zumeist recht amüsant sind. Oft, so scheint mir, geht es dabei darum, wie sie jemanden hereingelegt haben, manchmal aber auch um Frauengeschichten. Vermutlich ist es die pure Freude an der für eine Stunde gewonnenen Freiheit vom Büro, jedenfalls bewegen sie sich wie zwölfjährige Jungen, und auch der leicht prahlerische Gestus paßt dazu. Wie sie so durch die Straßen schweifen, sehe ich sie unwillkürlich in kurzen Hosen vor mir, aber auch das Bild umhertollender junger Hunde stellt sich ein. Dabei ist dies um so ausgeprägter, je höher sie erkennbar in der

Karriereleiter geklettert sind. Abteilungsleiter scheinen verspielter und auch rüpelhafter zu sein als Sachbearbeiter.

Abends auf den sommerlichen Ringen, besonders an den Wochenenden, ringt der unbedingte Lebenswille nach Luft. Gruppen von jungen Männern und Gruppen von Mädchen, eingehakt oft die letzteren und die ersteren sich manchmal spielerisch in die Seite boxend, ziehen bevorzugt vom Rudolfplatz zum Friesenplatz oder noch ein Stück darüber hinaus und kehren dann zurück, diesmal vielleicht auf der anderen Straßenseite. Dieses Ritual, das bis zu vier oder fünf Malen wiederholt wird, wird hauptsächlich von Jugendlichen südeuropäischer Herkunft vollzogen. Quantitativ am stärksten vertreten sind naturgemäß die Jungen und Mädchen aus der Türkei, von denen man annehmen kann, daß sie mehrheitlich hier geboren sind. Aber auch Italiener oder Spanier sind zu identifizieren. Es ist ganz deutlich, daß die Ringe hier genutzt werden wie früher die Piazza in einer italienischen Kleinstadt oder der Corso in Triest in den Romanen von Svevo: als Ort der Selbstdarstellung und der Brautschau, als erotischer Marktplatz.

Zur gleichen Zeit ziehen offene Cabrios ihre Kreise, mit voll aufgedrehten Verstärkern. Ihre Fahrer machen so darauf aufmerksam, daß sie es schon zu etwas gebracht haben. Die Entschiedenheit, mit der sie Mädchen winkend und gestikulierend auffordern, einzusteigen – was bei diesen meist kollektives Kichern hervorruft –, ist sehr beeindruckend. In einer Stadt wie Hamburg etwa könnte ich mir solche Szenen nicht vorstellen.

Später verschwinden die einzelnen Gruppen in Discos oder Kneipen, auch in die Kinos, aber da die Bahnen und Parkhäuser immer neue Amüsierwillige entlassen, werden die Ringe immer voller. Von vereinzelten Flaneuren und innigen Paaren abgesehen, ist die Bewegung und der Gestus bei den meisten geschäftig, eilig, weil sie sich keineswegs dem Müßiggang hingeben, sondern auf der Suche sind: nach Unterhaltung, nach Aktion, nach Sex, vielleicht auch nach Liebe.

Im Mediapark, der ebenfalls von jungen Menschen bevölkert wird, werden auch Blicke getauscht und Kontakte gesucht. Dies geschieht jedoch wesentlich zurückgenommener, cooler, als paßten sich die Rituale unwillkürlich der Architektur an. Die Lautstärke ist schon allein deshalb reduziert, weil hier keine Autos verkehren. Die Begegnungen finden nicht auf der Piazza statt, die als Piazza nicht funktioniert, sondern in den beiden Cafés und auf den verschiedenen Ebenen des Cinedoms. Die Mädchengruppen, die es auch hier gibt, haken sich nicht ein, als sei es nicht nötig, eine Phalanx zu bilden. Alles wirkt entspannter, weniger gierig. Dabei unterscheidet sich das Publikum hier nicht wesentlich von dem auf den Ringen. Aber der genius loci setzt sich durch. Auf den Ringen, in der alten Gestalt der Stadt, wollen die Leute wirklich, was sie suchen: Unterhaltung, Aktion, Sex. Hier scheint es, als seien alle mit der virtuellen Befriedigung ihrer Wünsche zufrieden. Die reale findet anderswo statt.

Ein junger Mann, gerade über zwanzig, in der Brasserie im Mediapark, der der etwa gleichaltrigen Kellnerin beim Bezahlen das Trinkgeld mit den Worten »Stimmt so« gibt. Sie bedankt sich, zuckt aber ganz leicht zusammen, und auch er scheint sich nach seinen Worten nicht ganz wohlzufühlen, macht ein etwas unbehagliches Gesicht. Kaum hat er sie ausgesprochen, wird ihm vermutlich klar, daß diese Formel etwas großspurig ist, zumal für jemandem in seinem Alter. Aber wie es anders sagen? Das Trinkgeldgeben ist sehr schwierig geworden, nicht, was die Summe angeht, sondern die Worte, die sie begleiten. Ist die eine Formel großspurig, so hat das beliebte »Geben Sie mir zehn Mark zurück« etwas Penibles, auch Altbackenes. Am besten ist es noch, gleich die Summe zu nennen, die man insgesamt bezahlen will. Peinlich kann es werden, wenn man sich zunächst herausgeben läßt, um danach etwas zurückzuschieben: manche Bedienung ist dann schon verschwunden.

Die Unsicherheit liegt auf beiden Seiten. Gewiß wird Trinkgeld erwartet, und ebenso gewiß ist das Tabu, das auszusprechen oder auch nur zu zeigen. Deshalb ist der Moment des Bezahlens oft auch ein Moment des gegenseitigen Belauerns. M. klagte mir nach einem anstrengenden Abend über einen Tisch, der für rund achtzig Mark verzehrt und dann ganze zwei Mark Trinkgeld gegeben hatte, und von Belle, als sie noch in der Gastronomie arbeitete, habe ich ähnliche Geschichten gehört. Wie die Enttäuschung verbergen, oder gar die Verärgerung? Kaum jemand ist so souverän wie Diana, die einmal einen Stammgast, der bezahlt hatte, mit feinem Lächeln und in einer gelungenen Melange aus Ernst und Ironie aufklärte: »Moment mal, da fehlt noch das Trinkgeld!« Was dem Gast ermöglichte, ganz entspannt und mit ebenso feinem Lächeln zu antworten: »Oh, das ist unverzeihlich!« und ihr ein paar Silbermünzen über die Theke zu schieben.

Mitte Juli, an einem Samstagabend im Blücherpark im Kölner Nordwesten. Freunde betreiben dort ein Lokal. Der Ausdruck ist etwas übertrieben, es handelt sich um einen Pavillon an einem See mit Biergarten. Es ist eher wie die Vereinskneipe am Platz eines Kreisklassenvereins oder eines Ruderclubs. »Das lauschige Plätzchen an der Autobahn«, heißt es auf der Postkartenwerbung, denn der Autobahnzubringer nach Düsseldorf ist nicht weit, und dann: »Strandcafé und Biergarten ab 12 Uhr. Sonntags Frühstück ab 10 Uhr.«

Heute sind nur geladene Gäste da. Sechs Leute haben sich zusammengetan, um ein Fest zu veranstalten. Einige von ihnen haben in diesen Tagen Geburtstag, andere haben schon Geburtstag gehabt, eine wird sehr viel später Geburtstag haben. Es ist kurz vor der Dämmerung, als wir eintreffen. Man läßt sich auf Bänken an den langen Gartentischen nieder, trinkt die ersten Biere, taxiert und begrüßt die Neuankömmlinge und hört der Musik zu, die die Anlage gleichmäßig abdeckt. Plötzlich mache ich eine Zeitreise durch und habe ein intensives déja vu der sechziger Jahre. So sind sie gewesen, denke ich, unsere sommerlichen kleinen Fêten in elterlichen Gärten und später auf irgendwelchen Wiesen in Berlin. Mein déja vu rührt nicht von der Musik her, die ist von heute, und nicht vom Publikum, in dem mehrere Generationen vertreten sind. Aber es liegt eine flüchtige Leichtigkeit über diesem kleinen Fest, die *ich* mit den sechziger Jahren assoziiere, und von der ich glaube, sie danach nie mehr erfahren zu haben, bei mir nicht und auch nicht bei anderen. Wie sorglos wir damals waren, denke ich, wie wenig Angst uns die Zukunft gemacht hat. Gewiß hat sich diese Sorglosigkeit später als völlig unbegründet herausgestellt, aber wir haben sie doch wenigstens einmal erfahren.

Dieser ganze intensive Eindruck dauert höchstens ein paar Minuten. Bald macht mich der Alkohol eher etwas schwermütig, auch ist es fast zu voll geworden. Später sitze ich auf der Wiese und verfolge einen leichten Streit um die Musik. Einmal tanze ich ein bißchen, aber ohne Begeisterung, dann verlasse ich das Fest früh und suche meine gewohnte Umgebung auf.

Daß der Markt keinen Marktplatz mehr braucht, sondern zu großen Teilen schon im virtuellen Bereich abgewickelt wird, heißt nicht, daß Marktplätze ihre Funktion verloren hätten. Zum einen dienen sie als touristische Attraktion, bevorzugt in kleinen Städten, wo der Markt noch immer den Treffpunkt darstellt, während die eigentliche ökonomische Potenz des Ortes längst an die Ränder ausgewichen ist. In den Großstädten dagegen, wo es über die Viertel verteilt eine Vielzahl von Wochenmärkten gibt, dienen einige von ihnen nicht nur dem Einkauf, sondern auch als Fetisch. Sie sind die heiligen Plätze der Volvo-Fraktion, jenes Teils unserer Gesellschaft, der bei liberaler Grundeinstellung gut verdient, mit geistiger Arbeit, versteht sich, eine Eigentumswohnung im Altbau abbezahlt und die Fahrt der Kinder zum Kindergarten und zurück mit den Nachbarn zwei Häuser weiter organisiert, mit denen zusammen man auch das Wochenendhaus in der Eifel gemietet hat. Selbstverständlich umfaßt diese Fraktion auch den männlichen oder weiblichen Single, der als Redakteur beim Rundfunk oder als Textchefin bei einer Zeitschrift arbeitet. Für sie alle ist der Wochenmarkt nicht nur Treffpunkt, sondern ein ideologischer Ort. Denn es ist unausgesprochene Übereinkunft, daß man bestimmte Sachen nur auf dem Markt kaufen kann, weil sie nur dort *frisch* oder *ungespritzt* sind und außerdem einen fairen Preis haben. Daß Marktpreise nicht unbedingt die billigsten sind und man einwandfreie Qualität in der Regel auch in der Obst- und Gemüseabteilung bei Karstadt bekommen kann, möchten sie nicht ohne Weiteres wahrhaben. Außerdem ist der Markt bunt. Man trifft dort das Volk, schlagfertige Marktfrauen und die ausländischen Mitbürger. Es ist fast wie in Italien, und das brauchen die Angehörigen der Volvo-Fraktion zuweilen, bevor sie sich wieder in ihren Gründerzeitwohnungen verschanzen.

Noch vor wenigen Monaten, wenn ich durch die Straßen ging, an einer Station auf eine Bahn wartete oder in der Bahn meinen Sitzplatz gefunden hatte und las, hatte ich vor allem damit zu tun, mich unkenntlich zu machen. Mir ging es darum, auf eine bestimmte Art wahrgenommen zu werden: als jemand, der sich von den anderen nicht unterscheidet. Meine tägliche Arbeit war die des Chamäleons. Während ich auf dem Bahnsteig hin- und herging, achtete ich darauf, nicht versponnen zu wirken, und wenn ich dabei an jungen Frauen vorbeiging, ging es darum, weder lüstern zu erscheinen noch schüchtern. Wenn ich in der Bahn las, auf einer längeren Strecke, etwa vom Friesenplatz nach Raderberg, hob ich einerseits ab und zu den Blick, um nicht zu versunken und versponnen zu erscheinen, um zu signalisieren: Ich bin eigentlich wie ihr, auch wenn ich gern und viel lese. Dabei hätte mir längst auffallen müssen, wie viele versunkene Leser es in öffentlichen Verkehrsmitteln gibt, die niemand für versponnen hält. Andererseits war ich immer bemüht, den Autor und den Titel des Buches, mit dem ich gerade beschäftigt war, möglichst zu verbergen, gerade weil sie der Mehrheit meiner Mitreisenden, so dachte ich, nichts sagen und mich als seltsamen Vogel erscheinen lassen würden. In meinen Unterhaltungen mit Fremden war ich darauf bedacht zu demonstrieren, daß ich im großen und ganzen die gleichen Sorgen, Abneigungen, Leidenschaften und kleinen Schwächen hatte wie sie, die Abgesandten der Mehrheit.

Seit mehreren Wochen, so ist mir in einigen Situationen aufgefallen, habe ich meine Bemühungen um Mimikry eingestellt. Das hat nichts damit zu tun, daß ich mich gehen ließe oder verwahrloste. Nur habe ich keine Angst mehr davor, anders zu sein: etwas anderes zu lesen als die meisten anderen oder kundzutun, daß mich dieses oder jenes Gespräch langweilt, weil mich die Thematik nicht interessiert, oder weil es eine Abfolge von Gemeinplätzen ist. Dabei mache ich die Erfahrung, daß die anderen sich keineswegs an die Stirn fassen oder aggressiv werden. Mag sein, daß manche mich irrtümlicherweise für arrogant halten, aber auch das ist mir egal, und dieses Mißverständnis ließe sich, wo es notwendig wäre, auch leicht aufklären. Im großen und ganzen macht jedenfalls der Verzicht darauf, sich um jeden Preis anzupassen, keineswegs mehr Scherereien, sondern erspart Mühen. Das wiederum überrascht mich, weil ich gerade meine Mimikry betrieben hatte, um mir Scherereien vom Hals zu halten. So waren drei Jahrzehnte Existenz als Chamäleon umsonst (ich muß als Jugendlicher damit begonnen haben) und haben mich viel überflüssige Energie gekostet, statt mir welche zu ersparen. Aber auch dieser ökonomische Fehlschlag bereitet mir keinen Ärger mehr. Vielmehr muß ich darüber lachen, wie man vermutlich über jede Erkenntnis lachen muß, die einen befreienden Charakter hat.

Hier und da wird die Bepflasterung im Mediapark durch Reihen kleinerer Pflastersteine durchbrochen, deren Farben sich von den anderen abheben. Diese Steine sind etwa sechs mal sechs Zentimeter groß. Gerade sie sind es, die als Grund für jugendliche Graffiti dienen, insbesondere in der Nähe des Eingangs zum *Komed-Haus,* das unter anderem den Sender VIVA beherbergt. Sie sind übersät mit Liebeserklärungen, von denen jede einzelne, weil der Schriftgrund so winzig ist, große kalligraphische Anstrengungen verlangt hat. Die lesen sich zum Beispiel so: *Kevin, your (!) are my big love. I love you so much that I can't say it. Kev, I love you! gez. Vanessa. – Stéphane I love you. –*

Howie I love you gez. Belma 28. 5. 97, schließlich: *A. J. – I. H. D. Lieb!* Im ähnlichen Stil von Pflasterstein zu Pflasterstein. Die Mädchen – fast alle Graffiti dürften von Mädchen stammen – müssen sich auf den Boden gehockt oder gekniet haben, um ihre Miniaturen auf die Steine zu schreiben. Auffällig ist das *gezeichnet* vor überraschend vielen Namen. Es bleibt offen, ob es sich hier einfach um eine falsch gelernte Verwendungsweise handelt oder um eine bewußte, leicht ironische Distanznahme zur eigenen Schwärmerei. Da sich diese Liebeserklärungen in der Nähe von VIVA häufen, ist anzunehmen, daß sie in der Mehrzahl nicht den Jungens aus der Schule gelten, sondern Angehörigen von boygroups. Als mir diese Steine zum ersten Mal auffielen, war das spontane Gefühl, das sich einstellte, Ehrfurcht vor dieser Schriftkultur.

Wenn eines Tages in meinem Briefkasten ein Brief von M. läge – eine Möglichkeit, die ganz ausgeschlossen ist –, ich könnte ihn nicht spontan identifizieren. Ich kenne ihre Schrift nicht. Die einzigen schriftlichen Zeugnisse, die ich je von ihr sah, waren die Striche, die sie während der Zeit ihres Kneipenjobs auf meinem Bierdeckel machte.

Im Kölner Hauptbahnhof kann man selbstverständlich essen und trinken gehen, kann Doughnuts und Schokolade kaufen, Zigaretten und Tabak, Drogerieartikel und Telefonkarten, kann auch sonntags Lebensmittel und Brot kaufen, kann Lotto spielen und auf einem großen

Bildschirm ein Fernsehprogramm verfolgen, Tennis zum Beispiel oder ein Fußballspiel. Es gibt eine gar nicht schlecht sortierte Bahnhofsbuchhandlung und mehrere Zeitungs- und Zeitschriftenläden, die beiden größten davon separiert nach nationaler und internationaler Presse, so daß der Käufer, der in der deutschen Abteilung vergeblich etwa die *Neue Zürcher Zeitung* oder *Die Weltwoche* sucht, »nach drüben« zur internationalen Presse geschickt wird. Für das gedruckte, das lesbare Wort ist hinreichend gesorgt.

Dagegen ist es nicht möglich, irgendwo einen Bleistift, einen Kugelschreiber, ein Heft, einen Block Schreibpapier zu kaufen. Mit dem Bedürfnis, irgend jemand möge Schrift nicht nur lesen, sondern selber produzieren wollen, wird hier nicht gerechnet.

Soweit ich mich erinnern kann, verhält es sich auf anderen deutschen Bahnhöfen nicht anders. Der Reisende schreibt nicht, so glaubt man wohl, er hat genug anderes zu tun. Ich habe diese Lücke auf Reisen schon öfter recht schmerzlich erfahren und von der luxuriösen Schreibwarenhandlung geträumt, nicht neben dem Buchladen oder dem Zeitschriftenhandel, sondern eher zwischen Tabakwaren und Drogerie. Davon geträumt, selbst eine solche Schreibwarenhandlung an solchem Ort zu betreiben. Kein Geschäft für Büroartikel, sondern eine wirkliche Schreibwarenhandlung, ein Ort also, an dem man nach Roland Barthes in den Raum der Zeichen eintritt. Dort »trifft die Hand mit dem Instrument und dem Material des Schriftzugs zusammen«.

Geschäfte dieser Art findet man zuweilen in den edleren Einkaufspassagen und den teureren Einkaufsbezirken unserer Städte. Sie sind sehr klein, kleiner als die benachbarten Boutiquen, Schmuckgeschäfte und Lampenstudios. Wohl sortiert finden sich in Fächern Briefbögen verschiedenster Farbe und Papierqualität bis hin zum Bütten, die man einzeln kaufen kann, dazu die passenden Umschläge. In anderen Fächern warten Bleistifte in allen verfügbaren Härtegraden auf ihren Käufer, gegenüber eine Auswahl von solide gebundenen Heften, kariert, liniert und unliniert, mit farbigen Einbänden und Mustern im Schnitt der Seiten.

Fast immer sind diese kleinen Geschäfte ziemlich leer. Ein einzelner Kunde stöbert in den angebotenen Waren, während der Ladeninhaber oder eine Studentin, die hier nur aushilfsweise Wache hält, hinter der schmalen Ladentheke in einem Buch oder einer Zeitung liest, geduldig wartend, von welchen der kostbaren Stücke – denn alles hier ist kostbar und hat seinen guten Preis – der Kunde sich schließlich hat verführen lassen. Im Gegensatz zur Boutique gegenüber läuft hier nie Musik, als fürchte man, die Schreibinstrumente würden unter ihr zerbrechen und das Papier zerfallen.

Ich bin oft versucht gewesen, habe es aber bisher nicht gewagt, einen der Inhaber eines solchen Geschäfts danach zu fragen, wie das alles funktioniert. Wie erwirbt oder pachtet man ein solches Geschäft, wie sind die ökonomischen Rahmenbedingungen, wie schafft man es, in einer so spezialisierten Branche zu überleben? Oder ist es gerade die Spezialisierung, die das Überleben sichert, weil es ausreichend Kunden gibt, die es ablehnen, eines der großen Bürofachgeschäfte aufzusuchen?

Von Zeit zu Zeit sehe ich mich in meinem kleinen Laden im Hauptbahnhof sitzen, zwischen den Fächern mit den schönen weichen Bleistiften und den Bögen grünen oder kirschfarbenen Papiers. Die meiste Zeit bin ich allein, wartend. Ab und zu lese ich, aber viel häufiger beobachte ich die Reisenden, die draußen vorbeieilen oder nebenan im Tabakladen verschwinden. Ich sehe die Clans aus exotischen Ländern, die mit einer Unzahl von Taschen und Rollenkoffern an meinem Geschäft vorbeiziehen, die koreanischen Geschäftsleute mit schnellen Schritten, die Büromädchen, die nach der Arbeit zur S-Bahn in die Vororte gehen, ich beobachte den Gang und die Beine einer einzelnen, stolz aufgerichteten Frau aus der Karibik, die mit einer Handtasche als einzigem Gepäckstück langsam an meinem Schaufenster vorbeizieht. All diese Passanten beachten mein Geschäft nicht, nur einer runzelt vielleicht im Vorbeigehen die Stirn, weil ihm ein solches Angebot in dieser Ladenzeile etwas ungewöhnlich erscheint. Sie sind Reisende, sie haben keine Zeit, sie haben andere Bedürfnisse. Das kränkt mich nicht. Manchmal nehme ich einen der kirschfarbenen Bögen und der weichen Bleistifte und fange an zu kritzeln, eine Mischung aus Schrift und Bild. Dann betritt ein älterer Herr den Laden und erwirbt nach längerem Suchen fünf Briefbögen und fünf Umschläge, was mich überrascht, weil ich ihn eher für einen Buchhalter gehalten habe. Eine Stunde später kramt eine Studentin in den kompakten Oktavheften, sieht dabei immer wieder auf ihre Uhr, weil ihr Zug bald abfährt, stößt plötzlich einen leisen Schrei aus, hält mir triumphierend ein unliniertes Heft in dunkelrotem Umschlag mit einer feinen schwarzen Maserung hin und strahlt mich an. Danach hat sie lange gesucht, und nur bei mir konnte sie es finden.

Allgemein wächst im Umgang mit der Schrift das Ungeschick. Ein Blick über die Schriftkultur in beliebigen Geschäften gibt darüber Auskunft. Über die falsche Verwendung des Apostrophs im Deutschen (»Margot's Wollstübchen«, »Köln's größter Baumarkt«) ist schon mehrfach nachgedacht worden. Der inflationär falsche Gebrauch dieses Zeichens hängt zweifellos mit dem Siegeszug Amerikas in den achtziger Jahren zusammen. Damals entstanden jene Lokale mit Namen wie »Woody's«, »Hermann's« oder »Gernot's«, die jeden neuen Ladenbesitzer bei der Namensgebung nach der Stelle suchen ließen, wo der Apostroph einzusetzen sei. Die Rechtschreibreform, um die so erbittert gestritten und geklagt wird, ist in der Praxis schon längst vollzogen, etwa bei der Anpreisung von »schampinons gefült mit fleisch«.

Das Ungeschick ist um so größer, je mehr das Bemühen um die reine Hochsprache sichtbar wird. In einer Eduscho-Filiale lese ich an der Kasse folgenden Satz: »Sollten Sie mit ec-Karte bezahlen möchten, brauchen wir Ihren Personalausweis.« Man spürt die Anstrengung, doch sie war vergebens.

An einer etwa vierhundert Meter entfernten Kreuzung sehe ich schemenhaft Fußgänger an einer roten Ampel warten, auch einen Polizisten in der typischen grünweißen Motorradmontur. Es verwirrt mich für einen Moment, ihn zu Fuß zu sehen. Wahrscheinlich, denke ich mir dann, hat er seine Maschine auf der anderen Straßenseite stehen. Dann setzen sich die Wartenden in Bewegung, die Ampel muß umgesprungen sein, und der Polizist löst sich auf. Ich erkenne zunächst eine Frau in weißen Jeans und weißem T-Shirt, die die Straße überquert, und danach eine andere in grünem Kleid.

Zu Beginn einer kleinen Urlaubsreise, Mitte Juli, die in die Schweiz führen soll, vor allem an den Genfer See, kehre ich mittags kurz nach zwei in einen Landgasthof bei Bad Waldsee ein, der direkt an der Bundesstraße liegt und mit durchgehender Küche wirbt. Ich habe etwa viereinhalb Stunden Autofahrt hinter mir, nach einer Nacht mit unruhigem Schlaf. Die ganze Zeit hat es geregnet und regnet noch immer, dicke Tropfen, die gegen die Windschutzscheibe klatschen und beim Fahren doppelte Konzentration verlangen. Die drei Schritte vom Parkplatz zum Eingang des Gasthauses muß ich springen, um nicht vollkommen durchnäßt zu werden.

In dem großen Wirtsraum dominiert dunkles Holz. Eine kleine Runde sitzt nach dem späten Mittagessen noch am Tisch, der nahe Aufbruch ist aber schon sichtbar: eine Familie mit zwei Generationen, Brautpaar mit Eltern respektive Schwiegereltern. Die Braut – ich sehe sie sofort als Braut, obwohl dies keineswegs das Hochzeitsessen war und sie mitnichten Weiß trägt –, die Braut also ist noch sehr jung, der dunkle, fast ein wenig französische Typ, wie man ihn im Südwesten unseres Landes häufig findet. Eines jener Mädchen, um das bis vor kurzem fünf oder mehr junge Männer sich bemüht haben, bis der junge Mann, der nun neben ihr am Tisch sitzt, den Sieg davongetragen hat. Eines jener Mädchen, in das die ganze Schule verliebt war, ein bißchen träge und ein bißchen rätselhaft. Der junge Mann hat sie vielleicht bekommen, weil er eine Spur kühner war als die anderen, im Heu oder im Auto oder wo auch immer, oder aber gerade weil er zurückhaltender, schüchterner, weniger großspurig war, und nun werden sie, so sieht es die allgemeine Übereinkunft jedenfalls vor, die Jahrzehnte gemeinsam verbringen.

Dann gehen die vier hinaus zum Auto, und ich warte auf mein Essen. Von der Karte gibt es nur noch zwei Gerichte, »nur noch das, was man warmmachen kann«, sagt mir der Koch, der auch der Chef ist, und ich entscheide mich für *Schweinebraten in der Kruste.* Während ich warte, beobachte ich die Runde, die am großen runden Tisch sitzt, der um diese stille Zeit der Belegschaft vorbehalten ist. Eine ältere Frau, klein und ebenfalls der dunkle Typ, zwei Frauen Ende zwanzig, wobei die eine deutlich die Frau des Chefs ist und die andere eine Kellnerin, schwer und breit und, als sie mir die Karte brachte, langsam und plump in ihren Bewegungen. Schließlich ein Mädchen, schwer zu schätzen im Alter, zwischen dreizehn und sechzehn, fast eine Kopie der Braut, die vor wenigen Minuten das Lokal verlassen hat, nur ein wenig zarter und vor allem aufgeweckter. Sie blättert die Lokalzeitung durch, sieht nach Veranstaltungen, denn es ist Samstag, und liest dann und wann daraus vor. Einmal muß es um einen Unfall im Stall oder auf dem Hof gegangen sein, denn jetzt erklärt die Alte, was sie früher gelernt hat: daß man sich niemals hinter Tiere stellt, sondern seitlich, denn Tiere schlagen immer nach hinten aus. Die Kellnerin und das Mädchen hören aufmerksam zu, die Frau des Chefs verschwindet in der Küche, um mein Essen zu holen.

Später, als ich schon meinen Kaffee trinke, beginnen die Kellnerin und das junge Mädchen die Tische für den Nachmittag neu einzudecken. Eine Kaffeegesellschaft wird wohl erwartet, außerdem hat das Hotel natürlich einige Gäste. Kaum etwas unterschiedlicher als die eckigen Bewegungen der Kellnerin und die zwar langsamen, aber geschmeidigen des jungen Mädchens, das sich jetzt am Tisch neben meinem zu schaffen macht, Kerzen austauscht und gefaltete Servietten verteilt und dabei ein- oder zweimal zu mir herüberschielt. Eine richtig Hübsche, denke ich, gewiß ist die ganze Schule in sie verliebt. Während sie sich von einem Platz zum anderen bewegt, duckt sie sich fast unmerklich, als müsse sie unter etwas hindurchtauchen. Neben dem Wachen, Schalkhaften in ihren Augen ist aber auch etwas Trauriges zu sehen, als ahnte sie schon jetzt, daß sie wahrscheinlich diesem Stück Welt nicht entkommen und auch in fünfzehn Jahren noch in der Zeitung nach Veranstaltungen in Biberach oder Ravensburg sehen wird. Wie sie stelle ich mir Mignon vor, angeregt vielleicht durch die Erinnerung an die Kupferstiche von Catel in der Insel-Taschenbuchausgabe, vielleicht auch durch Mignons Beschäftigung mit ihren kleinen Landkarten, denn eine ähnliche Bedeutung, so scheint mir, hat für dieses junge Mädchen die Lektüre der Zeitung.

Als ich gezahlt habe und zum Ausgang gehe, läuft sie mir nach, um die Tür aufzuschließen, die inzwischen von innen versperrt ist. In den unvermindert heftigen Regen entläßt sie mich, schon ganz Wirtstochter, mit dem Wunsch für eine gute Weiterfahrt, aber ich höre Mignons Worte: »Meister! vergiß uns nicht und komm bald wieder.«

Auf dem Weg zu unserer ersten Nacht, nur noch wenige Meter von M.s Wohnung entfernt, grüßte ein uns entgegenkommender Mann, den sie kannte. »Schönen Abend, zusammen!« In der Dunkelheit war dem Gruß die Neugier wie die Sehnsucht anzuhören. M. sagte dann auch im Weitergehen: »Der umwirbt mich schon seit fast zwei Jahren, der arme Kerl.«

Zweierlei fiel mir sofort auf, als ich diesen Satz hörte, auch wenn ich erst viel später darüber nachdachte. M., deren gewöhnlicher Sprachduktus das normale Neudeutsch junger Menschen war, mit Formeln wie *total, super* und *keine Ahnung,* gebrauchte die eher altmodische Formel *umwerben.* Das überraschte mich einen Moment lang. Später erinnerte ich mich, dieses Wort schon öfter von jungen Frauen gehört zu haben, deren gewöhnlicher Wortschatz auf einer ganz anderen Ebene liegt. Das instinktive Wissen darum, daß sich auch heute das wirkliche Bemühen eines Mannes um eine Frau nicht mit dem abwertenden Wort *Anmache* abtun läßt, sondern einen viel reichhaltigeren Gestus umfaßt, wird offenbar ganz selbstverständlich weitergegeben.

Dazu war ihrem Satz die tiefe Befriedigung darüber anzuhören, umworben zu werden. Diese Befriedigung hatte nichts Überhebliches, wenn auch ein wenig Eitelkeit darin mitschwang. Sie war nicht verächtlich, sie machte sich nicht lustig über den Mann, der sich so aussichtslos um sie bemühte. Sie war ihm für sein Bemühen dankbar, auch wenn sie ihm nicht die geringste Hoffnung machen konnte, weil er ihr die Macht ins Bewußtsein rief, die Frauen gegeben ist: erhören oder zurückweisen zu können.

Als wir uns das erste Mal nach der Trennung wiedersahen, sagte sie: »Ich glaube, ich habe mich vor allem deshalb auf dich eingelassen, weil es mir geschmeichelt hat, daß ausgerechnet du mich wolltest. Und weil du mir gezeigt hast, wie sehr du mich wolltest.«

Man ist selbstverständlich bereit, auf alle sogenannten Prinzipien, auch solche des Geschmacks, zu verzichten, wenn man so liebt und begehrt. Als ich in dieser Nacht zum ersten Mal M.s Wohnung betrat, fielen mir zunächst außer der Sammlung von schwarzen Kleidern, Röcken und Blusen, die über einem dieser fahrbaren Kleiderständer aus Chrom hingen, vor allem einige Plüschtiere und mancherlei kleiner Kitsch auf. Das schuf aber keinen Moment lang Irritation oder gar Distanz, sondern die Liebe machte noch einen verrückten kleinen Sprung nach vorn.

Und davor? Wann geschah der erste kleine Sprung an diesem Abend, wann *wußte* ich, obwohl ich schon seit Monaten, vom ersten Anblick an, bezaubert war? Wir waren essen; nachdem wir uns vorher in einem Café am Eigelstein getroffen hatten, gingen wir hinüber ins

Agnesviertel, das sie nicht kannte, obwohl es so nah war. Später sollte ich feststellen, daß sie in dieser Stadt, in der sie schon seit sechs Jahren lebte, nur ganz bestimmte Ecken und Wege kannte: »Ich brauche meine Trampelpfade, sonst verlaufe ich mich.« Auch so ein Satz, wo die Liebe einen verrückten kleinen Sprung nach vorn macht.

Ich führte sie also in ein mir bekanntes Lokal aus der Zeit, als ich noch im Agnesviertel wohnte. Während wir aßen, fragte ich sie aus, denn ich wußte nichts von ihrer Person außer der Tatsache, daß sie sich vor kurzem von ihrem Freund getrennt hatte. Darüber sprachen wir auch, dann über ihre Eltern, ihre Herkunft, ihre Nationalität. Die zuerst zögernde, dann immer lebhaftere Art des Sprechens. Zwischendurch erstaunliche Mitteilungen: »Ich habe nicht einmal ein Konto.« Später drängte sie mich, von mir zu erzählen, was ich nur sehr sparsam tat. Dann verflocht sich das Gespräch, auf der Suche nach gemeinsamen Vorlieben (»Schwarz ist eine gute Farbe«), und Komplimente waren plötzlich leicht, ohne Anlauf nehmen zu müssen. Sogar kurze Momente von Schweigen waren schon möglich. In einem davon richtete sich ihr Blick in eine unbestimmte Ferne, und dann sagte sie, leise und zu sich selber eher als zu mir: »Ja, ich fühle mich wohl.«

Diesen Satz verstand ich sofort, und ich war bemüht, meine wahnsinnige Freude nicht zu zeigen. Er bedeutete in diesem Augenblick alles, nicht nur: »Zum Glück bin ich nicht mit einem Idioten ausgegangen«, sondern vor allem: »Nachher, wenn wir noch einige Umwege gemacht haben, werde ich dich mit zu mir nehmen.« Und es war keine befriedigte Eitelkeit und keine Gier, die bei mir darauf folgte, nur Glück und Erstaunen und die Wiederholung des Gedankens von unserer allerersten Begegnung: »Die ist es.«

Vierundzwanzig Stunden, nachdem mich Mignon aus dem schwäbischen Gasthaus in den Regen und zu meinem Auto entlassen hat, steige ich bei strahlendem Sonnenschein, der schon in Konstanz begonnen hat, an der Raststätte Würenlos aus, an der N 1 von Zürich nach Basel und Bern. Die Raststätte thront oberhalb des Parkplatzes auf einer kleinen Anhöhe. Das Erdgeschoß ist eine reich ausgestattete Ladenpassage, wie sie mancher Hauptbahnhof einer deutschen Großstadt nicht aufzuweisen hat, mit Boutiquen, Delikatessenläden, einer Parfümerie: nicht auf den notwendigsten Bedarf des eiligen Reisenden abgestellt, sondern auf die frei flottierenden Bedürfnisse des Flaneurs. Es ist Sonntag. Ganze Familien drängen sich durch die Passagenwege, verweilen vor den offenen Läden und begutachten die Waren. Ich stelle mir vor, daß sie jeden Sonntag hierherkommen, aus Zürich oder Winterthur, auf der Flucht vor der städtischen Sonntagsruhe. Nur wenige Gesichter wirken angestrengt, die meisten erscheinen freudig erregt, angesichts der vielfältigen Möglichkeiten des sonntäglichen Konsums.

In den Restaurants in der oberen Etage, alle mit phantasievollen Namen versehen und alle von derselben Restaurantkette betrieben, geht es ähnlich lebendig zu. Ich habe Mühe, einen Platz zu finden, bestelle den guten Schweizer Kaffee und dazu Kuchen und blättere in der

Neuen Zürcher Zeitung, der einzigen Konsumverlockung, der ich im Erdgeschoß erlegen bin, eingebettet in das Stimmengewirr um mich herum.

Dann stellt sich das Glücksgefühl ein, unterwegs zu sein, unterwegs und den anderen entzogen. Niemand außer den hier Anwesenden weiß, wo ich in diesem Moment bin. Vor einer halben Stunde etwa habe ich bei Kreuzlingen die Schweizer Grenze passiert, mit dem schönen Gefühl, nicht zu wissen, wo ich heute abend ankommen werde. Es war angenehm, daß es diese Grenze gab und daß man meinen Personalausweis sehen wollte, daß ich nicht wie bei Fahrten nach Holland oder Belgien ohne Halt weiterfahren konnte in einer grenzenlosen Welt. Hier ist ein Übergang, beschied mir die Grenze, und jenseits davon beginnt etwas anderes. Vieles wird dir vertraut vorkommen, aber bei manchem wirst du stutzen und dich an dem Anderen erfreuen.

Auf einer Bank an der Promenade von Vevey, während ich die Boote auf dem See beobachte und den Vorübergehenden nachsehe, wird mir bewußt, daß ich einige der glücklichsten Momente meines Lebens am Ufer von Seen oder Flüssen erlebt habe. Gestern noch, auf der Fahrt hierher, bin ich eine halbe Stunde am Bieler See entlanggegangen, in den späteren Morgenstunden, als sich der Sommertag schon fast vollständig entfaltet hatte. Einige Feriengäste, vielleicht aber auch Bewohner der an den See angrenzenden Häuser, hatten sich auf Decken und in Badekleidung am Ufer niedergelassen; noch aber ging niemand ins Wasser. Auch die Boote lagen noch fest an den Stegen. Der See war leer, so weit mein Blick reichte, und hatte eine nachtblaue Färbung, von wenigen fast weißen Flecken durchsetzt. Wieder das königliche Gefühl, unterwegs und allen entzogen zu sein.

Ähnlich, bei fast gleicher Färbung des Wassers, war es fünf Jahre zuvor am Ufer der Loire, in Châteauneuf-sur-Loire, wo ich gerade ein Hotelzimmer gefunden hatte und nun auf der Terrasse einer Gastwirtschaft zur Feier dieses Erfolgs ein Bier trank. Am Nebentisch Einheimische, drei junge Männer, die ein Französisch sprechen, von dem ich nichts verstehe, und ab und zu ein wachsames Auge auf ein kleines Mädchen haben, das immer wieder zum Fluß läuft und dann zurück, um den Männern seine Entdeckungen mitzuteilen, bis sich die Mutter des Kindes einfindet, das Mädchen gleichsam einfängt und sich zu den Männern gesellt. Das Klischee stellt sich unvermeidlich ein, hier müßten Renoir, Pissarro oder Seurat gewesen sein, um das gelungene, das leichte Leben zu malen, das Leben wie Gott in Frankreich.

Noch mehr und noch unmittelbarer wiederum sechs Jahre zuvor, zusammen mit Laura am Ufer der Seine, in La-Roche-Guyon, wohin Maupassants Bel Ami die Tochter von Monsieur und Madame Walter entführt, um ihnen die Einwilligung zur Heirat abzupressen. Hier, in der Ile-de-France, sind die Impressionisten wirklich gewesen, um das Licht und seine Reflexe auf dem Wasser zu malen. Laura und ich haben uns zu einem Picknick niedergelassen und beobachten die Schiffe und Kähne, die auf der Seine vorbeiziehen. Hinter uns ein hübsches kleines Hotel, das an diesem Fleck vielleicht schon seit der Belle Epoque steht und dessen Foyer wir uns kurz angesehen haben. Man könnte phantasieren, genau hier habe Bel Ami mit Suzanne Walter die Nacht der Entführung verbracht. Es ist Mittagszeit, wir haben es nicht eilig, weiterzufahren nach Giverny, wo wir Monets Garten mit den Seerosen sehen wollen. Dies hier ist Glück, am Wasser liegen, in den Himmel schauen, nicht handeln müssen, so, wie es in der berühmten Nummer 100 der *Minima Moralia* beschrieben ist.

Und auch jetzt auf dieser Bank zu sitzen und auf den Genfer See zu schauen, hinter mir der ganze geballte Reichtum dieser Region, das fast Unwirkliche dieses gesegneten Teils von Europa, auch das ist Glück. Der See ist ganz ruhig an diesem Sommertag, spiegelglatt. Vier Jahre zuvor habe ich ihn eines Abends bei einem heftigen Sommergewitter, sogar bei Sturm erlebt. Im Licht der Blitze sah man für Momente das aufgepeitschte Wasser. Noch im Hotel war niemand ganz sicher, daß der tobende See uns verschonte. Es ist vielleicht das, was See- und Flußlandschaften so anziehend macht: diese zumeist hochentwickelte städtische Zivilisation, deren Zentrum ein nie ganz zu bändigendes Element ist.

Nach meiner halben Stunde am Bieler See fahre ich weiter nach Süden, immer am See entlang, und esse zu Mittag in Twann, einem Winzerdorf und Fremdenverkehrsort. Inzwischen ist es sommerlich heiß, und ich bin froh, daß die Terrasse des Restaurants mich ein wenig vor der Sonne schützt. Es gibt einen leichten hellen Fisch aus der Region, dessen Namen ich vergessen habe, und einen Weißwein aus dem Ort. Ich denke an Robert Walsers Frau von Twann aus den *Kleinen Dichtungen*, danach durch eine einfache Konsonantenverschiebung an Charles Swann und damit natürlich auch an Odette de Crécy, die spätere Madame Swann. Die vielen dunklen Stellen in Odettes Leben, ihr Bemühen um Anstand nach außen und ihre virtuose Handhabung der Lüge lassen mich plötzlich an M. denken. Mir ist klar, daß es sich hier um eine Projektion handelt, aber in diesem Moment bin ich vollkommen davon überzeugt, daß M. mich in der kurzen Zeit unseres Zusammenseins mehrfach belogen und mir etwas verheimlicht hat, selbst in den Phasen ihrer heftigsten Verliebtheit. Und nicht nur überzeugt bin ich davon, sondern wünsche es mir beinahe, denn Odette de Crécy hat immer, um den bekannten Proustschen Fragebogen zu zitieren, zu meinen »Lieblingsheldinnen in der Dichtung« gehört. Die Projektion ist auch nicht willkürlich. Odette ist, vielleicht mehr noch als Albertine, die ungreifbarste weibliche Gestalt in der *Recherche.* Man erfährt sehr viel über ihre Garderobe und die Ausstattung ihrer Wohnung, eigentlich nichts aber darüber, was mit Onkel Alphonse, mit Forcheville, mit Bloch und allen anderen Männern war oder nicht war. Man weiß fast nichts über ihr Leben, und so ist es mir mit M. auch gegangen und geht es mir noch heute. Weit davon entfernt, sie dadurch für mich blaß und uninteressant werden zu lassen, erhöhte das vom ersten Tag an die Faszination.

Über Albertine lese ich im *Proust-ABC* die schöne Charakteristik: »Mit ihrer ordinären Sprache, ihrem instinktiven, ungebildeten Sinn für Schönheit, ihrer unbe-

schwerten Treulosigkeit, ihrer Sinnlichkeit und ihrer Respektlosigkeit vor den Werten des Erzählers fügt sie diesem nicht nur Leid zu, sondern bildet ein ständig relativierendes Gegengewicht zu seinen idealistischen oder auch pessimistischen Reflexionen.« Auch das ist M., leibhaftig. Einmal, als ich sie in den Himmel gehoben hatte, ihre Schönheit und ihren Geschmack, antwortete sie, sehr sanft und mich keineswegs verspottend: »Das sagst du jetzt nur, weil du ein verliebter Idiot bist.«

Meine »Lieblingsheldin im Kino« ist wahrscheinlich Félicie in Rohmers *Wintermärchen,* gespielt von Charlotte Véry, mit ihrer wahnwitzigen Hoffnung wider alle Vernunft. Félicie, c'est moi, nur, daß ich vermutlich jenes Glück nicht haben werde, daß der Verstand, die Wahrscheinlichkeitsrechnung Lügen gestraft werden und die Hoffnung sich erfüllt. Darauf kommt es auch nicht wirklich an. Was so bezwingend ist an Félicie, das ist ihre Treue zu dem Verschwundenen, während sie gleichzeitig ihren Alltag und ihre Beziehungen zu anderen Männern organisiert. Und daß sie die Pascalsche Wette verstanden hat, ohne Pascal je gelesen zu haben.

Mittags in Vevey, auf der Suche nach einem geeigneten Ort fürs Essen, stehe ich vor einem asiatischen Restaurant, das einen guten Eindruck macht, und denke plötzlich: »Asiatisch essen kann ich auch zu Hause.«

Auf der Terrasse des *Hotel du Lac* in La-Tour-de-Peilz, nachmittags zwischen vier und fünf, mit Lioba. Nach drei Tagen hier am See ist es mir doch noch gelungen, sie telefonisch zu erreichen. Sie hat auf meine Bitte die Fotos ihres Töchterchens mitgebracht, die sie mir stolz zeigt. Dann, unvermittelt und ohne daß ich es wollte, kommt sie auf meine Geschichte mit M. zu sprechen, von der ich ihr eine Woche vorher am Telefon knapp berichtet habe, mit den Worten, ich hätte gerade »die Schrecken der Liebe überlebt«. Ich zögere erst, davon zu erzählen, aber sie beharrt und fragt nach, und plötzlich fällt es mir sehr leicht zu sprechen, weil ich sehe, daß hier jemand ist, die weiß, wovon die Rede ist, auch wenn sie kaum Details kennt. Die weiß, was Katastrophen in der Liebe bedeuten, und dabei nicht begierig ist, ihre eigenen Geschichten loszuwerden, die hinter ihr liegen. Aus der Art und Weise des Zuhörens, des Fragens, auch der sparsamen Bemerkungen geht das hervor. Sie fragt, wie lange die Trennung zurückliegt, und als ich ihr sage, daß es nun ein gutes Jahr ist, weiß sie: »Und nun darfst du damit natürlich niemandem mehr kommen, die zugestandene Trauerzeit ist längst überschritten, nicht wahr?« Genau so ist es, seit Monaten schon schäme ich mich, von meinem fortgesetzten Leiden an M. zu sprechen, zumal, wie man mir immer wieder entgegenhält, »die ganze Geschichte doch so kurz war«. Auch da begreift Lioba, worum es wirklich geht: »Manchmal genügen doch schon zwei Nächte.« Hier sitzt mir eine Eingeweihte gegenüber, eine Mitverschworene, die weiß, daß es immer um Leben und Tod geht, buchstäblich, nicht als Metapher, und daß »Verlassenwerden schließlich ein härteres Übel als eine Blinddarmentzündung« ist. Hier muß ich mich nicht schämen. Und obwohl ich in diesen schönen Tagen am See nicht leide, sondern bei mir selber bin, ist das unendlich tröstlich. Ein Trost, um den ich nicht eingekommen bin, der mir einfach geschenkt wird.

So etwa läßt sich der zeitgemäße common love sense formulieren: Treue ist gefordert, solange etwas zwischen zwei Menschen dauert. Endet es aber, so soll auch der Verlassene – nach einer ihm kurz zugemessenen Trauerzeit – sich von dem geliebten Menschen abwenden, ihn möglichst vergessen, um wieder offen und frei für andere

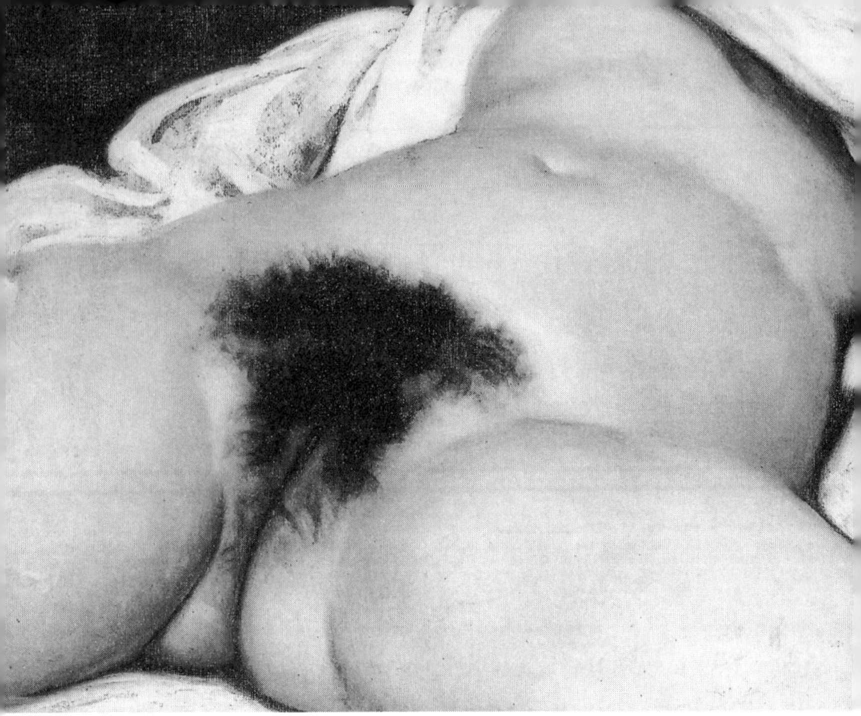

und ein brauchbares Glied der Gesellschaft zu sein. Der Liebeskranke ist das nicht. Es werden also die wirklichen Werte dieser Gesellschaft eingefordert, und das sind in den menschlichen Beziehungen diejenigen der fröhlichen und lebensbejahenden Promiskuität. Den Einzigen und die Einzige gibt es nicht, sagen diese Werte, es findet sich immer bald etwas Neues, und in der idealen Vorstellung sollte ohnehin jeder mit jedem können.

In La-Tour-de-Peilz verbrachte Gustave Courbet seine letzten vier Lebensjahre, der Maler des herrlichen Bildes *L'origine du monde*. Courbet war nach dem Ende der Kommune, die ihn zum Delegierten der Schönen Künste ernannt hatte, in Frankreich nicht mehr gut gelitten. Nach seinem halben Jahr Gefängnis wurden seine zum Salon eingereichten Bilder zurückgewiesen. 1873 wurde erneut ein Prozeß gegen ihn angestrengt, seine Bilder wurden beschlagnahmt. Courbet ging nach La-Tour-de-Peilz, wo er in seinen letzten Lebensjahren hauptsächlich Landschaften und den Genfer See malte, nach all den schönen und betörenden Frauenbildern, und starb vier Jahre später, am Silvestertag 1877. Das alles habe ich leider erst nach meiner kleinen Reise erfahren. Aber es ist Grund genug, noch einmal hierhin zurückzukehren und im Ort nach ein paar Spuren des Mannes zu suchen, der malerisch den Ursprung der Welt so endgültig, so unhintergehbar dargestellt hat.

Am zweiten Abend taucht im Speisesaal meines Hotels in Chexbres, in dem ich wohne, ein neues Paar auf. Ein weißhaariger Mann zwischen sechzig und siebzig, groß, mit breitem Brustkasten, rückt der fünfzehn oder zwanzig Jahre jüngeren Frau den Stuhl zurecht. Sie trägt Hosen, ist stark geschminkt und sieht müde aus, angestrengt. Ihr Haar ist pechschwarz gefärbt.

Die Karte mit dem Menu des Abends liegt auf dem Tisch. Der Mann beginnt seiner Partnerin lautstark auf deutsch die Alternative bei den Vorspeisen zu erklären, ebenso beim Hauptgericht. Allerdings stützt sich ein Teil seiner Erklärungen eher auf Vermutungen, um was es sich handeln könnte. Mir scheint auch, daß die Frau kaum weniger Französisch kann als er, aber nichts sagt, um ihren Begleiter nicht unsicher zu machen. Die beiden

duzen sich zwar, aber es ist offensichtlich, daß sie sich noch nicht allzu lange kennen. Jedoch geben sie sich alle Mühe, Intimität herzustellen.

Am Tag darauf bin ich zum Abendessen aus Genf zurück. Jahrzehntelang habe ich Vermutungen darüber angestellt, wie Genf sein möge, auf der Basis einiger Bücher und Filme, die dort angesiedelt waren, sowie mancher Erzählungen von Freunden. Während diese Erzählungen eher vor zu großen Erwartungen warnten, weckten einige der Bücher und vor allem die Filme bei mir eine große Sehnsucht nach Genf. Besonders der letzte Film von Krzysztof Kieslowski, *Drei Farben Rot,* stärkte diese

Sehnsucht. In den Wochen vor meiner Reise sah ich diesen Film, den ich mir als Video gekauft hatte, gewiß mehr als fünfzehnmal, dabei oft nur in Ausschnitten. Das hatte weniger mit Genf zu tun als mit dem unbestimmten Gefühl, er könne mir helfen, mich sanft von M. zu lösen und zugleich ihr unversehrtes Andenken zu bewahren. Warum ich glaubte, gerade dieser Film könne mich trösten, weiß ich nicht. Mag sein, daß es mit der scheuen Beharrlichkeit von Irène Jacob zusammenhing und mit der Menschwerdung von Jean-Louis Trintignant und den Gesichtern von beiden, den Blicken besonders. Mit den Autofahrten durch das abendliche oder nächtliche Genf, dem großen roten Plakat, auf dem Irène Jacob für Kaugummi wirbt und das noch in der Dunkelheit leuchtet. Mit den Verletzungen, den inneren wie äußeren (die Hündin!), die verheilen. Eine Stadt, in der das alles geschieht, müßte auch eine für mich sein, dachte ich.

Nun die Stadt selber, nicht mehr das Kino. Im ersten Moment ist Genf zweifellos imposant, mit seinen Brücken und der Fontäne auf dem See, mit seinen Ein- und Ausfallstraßen, den prächtigen Geschäften, den Hotels und schönen Fassaden. Geht man jedoch näher heran, sieht vieles anders aus. Es ist ein schöner Sommertag, das Leben müßte leicht sein. Aber in den drei oder vier Stunden, in denen ich hier durch die Straßen gehe, höre ich kaum jemanden lachen und sehe nur selten ein Lächeln, ganz anders als zwei Tage zuvor in Lausanne. Die Präsenz des Geldes, der gleichsam statische Luxus in den Schaufenstern scheint die Genfer melancholisch zu machen. Es mag anstrengend sein, eine Bürde, im Reichtum zu leben, vielleicht auch, weil man so viel zu verlieren hat. Melancholie ist nicht ganz das richtige Wort. Die Stadt ist eher frigide, und ich denke am Ende meines Besuchs an Monsieur Arnauds Worte, die er in Paris zu Nelly spricht: »Ja, Genf ist schön, mit seinen Banken, seinem gemächlichen Rhythmus ...« Ironisches Lächeln und Verstummen.

Kaum habe ich mich nach meiner Rückkehr an meinem Tisch im Speisesaal niedergelassen (als ein einzelnes Individuum bekomme ich natürlich keinen Tisch am Fenster, sondern in der Mitte des Saals), als das Paar von gestern abend ebenfalls Stellung bezieht, am Nebentisch. (Die Tische werden durch Schilder mit den entsprechenden Zimmernummern den Gästen zugewiesen). Das Ritual von gestern abend mit der Speisekarte wiederholt sich, nur daß der Mann noch lautstärker und forscher geworden ist. Nachdem man bestellt hat, beginnt er Geschichten aus seinem Leben zu erzählen, was mich in meiner Vermutung bestärkt, daß beide sich noch nicht lange kennen. Zumindest er will diesen Zustand möglichst rasch ändern, während sie mir zunehmend ermüdet und enttäuscht erscheint. Seine Geschichten kommen nicht aus dem Krieg, wie man beinahe befürchten könnte, sondern aus dem akademischen Milieu, in dem er wohl eine lange Karriere gehabt hat. Er erzählt davon anekdotisch, im Berliner Dialekt, mit immer demselben Protagonisten, der er selber ist. Manchmal unterbricht er seine Geschichten völlig unvermittelt, um seiner Begleiterin ein Kompliment zu machen.

Mir wird klar, daß die beiden sich über eine Kontaktanzeige kennengelernt haben, in der *Zeit*, *Frankfurter All-*

gemeinen oder der *Süddeutschen Zeitung*, und daß ihre erste gemeinsame Reise auch so etwas wie eine Prüfung ist, für ihn vor allem.

Er hat herausgefunden, daß einer der Kellner und eines der Mädchen ausgezeichnet Deutsch sprechen, und wann immer sie an den Tisch kommen, um abzuräumen, den neuen Gang aufzutragen oder sich um den Wein zu kümmern, bezieht er sie mit ein. Alle Witze macht er so lange, bis die Frau, der Kellner oder das Mädchen darüber gelacht haben. Er wiederholt sie einfach, und bei seiner Lautstärke besteht auch für die Frau keine Chance, das Gespräch in eine andere Bahn zu lenken. Übrigens bemüht sie sich nach Kräften, ihn interessant zu finden, charmant, vielleicht sogar liebenswert, aber es will ihr nicht recht gelingen. Auch deshalb wohl nicht, weil er deutlich Probleme mit dem Altern hat, wie aus immer wieder neuen Bemerkungen hervorgeht, die gerade diese Probleme kaschieren sollen. Das kann ihr nicht gefallen, weil auch sie schon lange nicht mehr im jugendlichen Alter ist.

Die Sache scheint mir hoffnungslos. Am Ende ihres Aufenthalts werden sie sich verlegen trennen, einander eingestehen, daß es nicht das war, was sie wollten, und obwohl der Mann mir auf die Nerven geht, mit seiner Lautstärke, seinen schwachen Witzen, seiner Tendenz zur Belehrung und seiner Egozentrik, treten meine Aggressionen hinter dem Mitleid zurück, für beide.

Zurück in Deutschland und unlustig, gleich nach Köln zurückzukehren, mache ich für zwei Tage Station in

Amorbach im bayrischen Odenwald. Vor neun Jahren war ich schon einmal hier, angeregt durch Adornos schönen Text über den Ort, in dem er mit seinen Eltern oft den Sommer verbrachte. Da ich mein damaliges Hotel nicht in besonders guter Erinnerung habe, wähle ich ein anderes, zwanzig Meter weiter auf der anderen Straßenseite, das sich in der Tat als sehr viel angenehmer herausstellt. Die Flure und Zimmer sind heller und nicht auf rustikal getrimmt. Auch in der vorherrschenden Farbgebung, die weiß und blau ist, erkennt man den Willen zum Stil. Dennoch gibt es auch hier, wie in fast allen Hotels, die störenden Details, die die Erschöpfung des Gestaltungswillens anzeigen. Es sind in diesem Fall die Bilder, die auf den Fluren hängen, nicht so sehr das einzelne Bild als die Gesamtkomposition. Man mußte halt, als alles fertig war und nur die Wände noch kahl, irgend etwas finden, sagen die Bilder.

Auf dem kleinen Schreibtisch in meinem Zimmer liegt ein Zettel im DIN-A4-Format mit diesem Text: »Vom Tor aus gehen Sie geradeaus auf die weiße Tür zu, ein Schlüssel vom Bund paßt für die Tür. Dann gehen Sie rechts durch eine Schwingtür die Treppe nach oben in den 1. Stock. Die Suite 352 befindet sich rechts und nochmals rechts in der Nische. Das Zimmer 330 für den Fahrer befindet sich gleich links von der Treppe.«

Das ist wahrhaft geheimnisvoll. Ich selber bin keineswegs in der Suite 352, sondern im Zimmer 330, dem Zimmer für den Fahrer also. Warum liegt dieser Zettel hier? An wen ist er adressiert? Wenn ich im Zimmer für den Fahrer bin, wer ist mein Chef? Immer wieder während meiner zwei Tage in Amorbach denke ich über diese Fragen nach, kann mir aber keine Geschichte dazu ausdenken und wage nicht, an der Rezeption nach der Bedeutung und dem Adressaten dieses Textes zu fragen.

Am nächsten Morgen im Frühstücksraum. Wieder einmal fällt mir auf, daß man uns die Verringerung des Service seit vielen Jahren als Luxus verkauft. Am Tisch wird man nicht mehr bedient, aber in den Hotelprospekten erscheint die Tatsache des Zwangs zur Selbstbedienung als »reichhaltiges Frühstücksbuffet«. So drängelt man sich um den Tisch und sucht die Teller, die Bestecke, die Milch ist gerade alle. Auch wenn es Lachs und sogar Sekt gibt, die Erinnerung an die Jugendherberge will doch nicht schwinden. Vor allem passieren immer wieder Mißgeschicke, eine Gabel fällt herunter, ein beladener Teller gleitet dem Gast aus der Hand und zerschellt am Boden. Solche Peinlichkeiten waren früher dem Personal vorbehalten, das nun aber überlegen lächelnd hinzutreten und dem Gast versichern kann, dieses kleine Mißgeschick mache gar nichts, »das ist gleich erledigt.«

Vor Jahren machte ich auf dem Rückweg von einer Tagung, da auf der Autobahn ein schier endloser Stau sich abzeichnete, Station in einem Hotel bei Osnabrück, mitten im Wald gelegen, das es leider nicht mehr gibt. Am folgenden Morgen suchte ich vergeblich nach dem Buffet. Man bat mich jedoch, Platz zu nehmen, und brachte mir ein reichhaltiges Frühstück ganz und gar nach meinen Wünschen. Das war vermutlich das letzte Mal, daß ich in einem Hotel einen solchen Luxus erleben durfte.

Jetzt löffele ich meine Cornflakes und lese einen Artikel über eine bulgarische Stadt, deren Bewohner sich als die großen Verlierer der Wende von 1989 empfinden. Ab und zu schaue ich auf, um die neuen Gäste zu mustern, die von ihren Zimmern herunterkommen. Mir fällt auf, daß Paare selten zusammen erscheinen, sondern immer zuerst der Mann oder die Frau und wenige Minuten danach der Partner. Die Begrüßung ist oft stumm. Schließlich haben sie die ganze Nacht miteinander geteilt und eben noch das Badezimmer, jetzt paaren sie sich gleichsam neu, aber etwas unlustig. Da ich die Liebe seit jeher mit Vorstellungen überfrachte, denen sie auf Dauer nicht gewachsen ist, enttäuschen mich solche Anblicke und erleichtern mich zugleich, wie einen, der entkommen ist.

In den neun Jahren seit meinem ersten Besuch hat sich in Amorbach sehr viel verändert. Damals traf ich in einer der wenigen Wirtschaften, die es außerhalb der Hotels gab, einen zynischen Mann im mittleren Alter, der sich mit gelangweilten Jugendlichen umgab und über die Ödnis des Ortes und die Dummheit der Einheimischen herzog, dankbar, einen Fremden gefunden zu haben, dem er seine Klage darlegen konnte. Dabei war Amorbach als Touristikort auch damals schon voller Fremder. Meist handelte es sich dabei jedoch um das ältere Ehepaar, das abends nicht in solchen Wirtschaften verkehrt, sondern im Hotel bleibt.

Seitdem hat sich das gastronomische Angebot vervielfacht, wie mir auch Einheimische bestätigen. Abends verfällt der Ort nicht mehr um zehn Uhr in die beinahe mittelalterliche Ruhe, die ich von meinem ersten Besuch kenne und die ich unwillkürlich mit dem Rundgang des Nachtwächters assoziierte, der den schlafenden Bürger beschützt. Sogar ein Lokal im Neonstil der achtziger Jahre, eine kaltblaue Version, entdecke ich jetzt auf meinem abendlichen Rundgang. Es dient der jüngeren Generation als Treffpunkt.

Die eigentliche Errungenschaft der achtziger Jahre aber ist ein seit fünf Jahren existierendes Restaurant, von jungen Leuten geführt, hell, mit klaren Linien in der Gestaltung wie in der Küche. Danach muß man zwar noch immer suchen, wenn man in der sogenannten Provinz unterwegs ist, aber man findet solche Oasen inzwischen an den überraschendsten Orten, in Süddeutschland mehr als im Norden. Deren Merkmal ist, daß niemand zum Fressen gezwungen wird, sondern jeder essen darf. Die Gier ist zum Genuß verfeinert. Diese Genußkultur ist inzwischen eingeübt, nicht mehr die angestrengte Übung kleiner Zirkel, und dies darf gewiß als eine Errungenschaft der achtziger Jahre bezeichnet werden, von denen sonst so wenig geblieben ist.

Restaurants dieser Art sind, vor allem wegen ihrer Unaufdringlichkeit, auch Fluchtpunkte für den Einsamen. Die Wahrscheinlichkeit, dort von lärmenden Runden an den Nachbartischen und womöglich noch von Toasts auf irgendeinen Jubilar belästigt zu werden, ist relativ gering. Statt dessen darf er hoffen, neben den Paaren oder den beiden langjährigen Freundinnen, die sich an diesem Ort für einen Abend von ihren Männern freigemacht haben, auch noch auf andere Einzelgänger zu treffen, die sich die Wartezeit aufs Essen wie er selber mit Lesen verkürzen.

Nachdem mich das Restaurant schon am ersten Abend glücklich gemacht hat, bin ich am nächsten Mittag wieder da. Es ist Sonntag. Diesmal habe ich einen Blick aus dem Fenster. Auf der anderen Seite der Gasse steht an einem offenen Fenster im zweiten Stock eine ältere Frau mit sorgfältig gemachten grauen Locken, raucht und beobachtet, was passiert. Wenig genug, denn natürlich ist Amorbach, bei allen Veränderungen der letzten Jahre, nach wie vor »Provinz«. Sobald eine Zigarette beendet ist, zündet sie sich eine neue an. Manchmal scheint sie kurz zu lächeln, verächtlich oder amüsiert. Das sorgfältig gemachte Haar kontrastiert mit ihrem Aufzug, denn der Mittagszeit zum Trotz steht sie im Morgenmantel am Fenster, und zwar so selbstverständlich, als entspreche das ihrem gewöhnlichen Rhythmus. Sie hat, so stelle ich mir vor, ihre Geschichte hier, und ist für manche der Ortsansässigen vermutlich »eine Schlampe«. Das macht sie souverän und gewinnt ihr die Sympathie des Fremden.

Sonntags fallen über Orte wie Amorbach die Busladungen her. Plötzlich ist das kleine Städtchen überfüllt mit rüstigen älteren Menschen aus Dortmund, dem Sauerland oder Frankfurt, die sternförmig ausschwärmen, um die Abteikirche oder den Konventsbau zu sehen, und danach die wenigen Geschäfte belagern, die in Amorbach auch sonntags geöffnet sein dürfen. Obwohl selber nur

Gast in diesem Ort, fühle ich mich gestört und bin doppelt irritiert: über die Menge der Menschen, denen ich teilweise an Hauswände gedrückt ausweichen muß, und über die Heftigkeit meiner Aggression, die Züge annimmt, die wir vor dreißig Jahren als »latent faschistisch« bezeichnet hätten. Jüngere und ältere Gruppen sind in der Stadt, aber meine Wut richtet sich vor allem gegen die Älteren, denen ich nicht das Recht zugestehe, in solchen Massen unterwegs zu sein und die Straßen zu verstopfen. Dabei ist mir im selben Moment klar, daß es nicht den geringsten Grund dafür gibt, diesen älteren Menschen ihre Reise zu verwehren und sie in ihre Wohnungen einzusperren, als dürften sie keine Welterfahrung mehr machen.

Beim näheren Nachdenken über die völlige Unangemessenheit meiner Aggression wird mir klar, daß sie sich vor allem gegen das Faktum der Busreise richtet. Wären die sonntäglichen Besucher mit dem Auto oder mit dem Zug gekommen (was etwas schwierig ist), würde ich vielleicht milder über sie denken. Mit der Busreise aber verbinde ich die Bilder von Thermoskannen und hartgekochten Eiern, von grauenhafter Radiomusik, anzüglichen Bemerkungen und »ausgelassener Stimmung« der abstoßendsten Art. Meine Vermutungen basieren natürlich nur auf lange zurückliegenden Erinnerungen, denn eine solche Busreise habe ich seit vielen Jahren nicht mehr gemacht, und ich werde auch keine mehr machen. Daß aber »die Alten« sich auf dieses irgendwie pubertäre Unterfangen einlassen und sich in meinen Augen ihrer Würde begeben, das mache ich ihnen an diesem Sonntag in Amorbach zum Vorwurf.

Im Zug nach Emmerich, am späteren Vormittag eines sehr heißen Sommertages. Der Zielbahnhof des Zuges ist Amsterdam; ich erinnere mich nicht mehr, ob es der *EC Johannes Vermeer* ist oder ob er den Namen eines anderen niederländischen Malers trägt. Die Abfahrtszeiten der Züge nach Amsterdam haben sich verändert, um mehr als nur wenige Minuten, ihre Namen sind gleich geblieben. Es gelingt mir, nicht allzu sehr an die Fahrt vor vierzehn Monaten zu denken, an einem ähnlich heißen Tag mit M. nach Amsterdam. Statt dessen lese ich etwas über digitale Welten. In Düsseldorf steigt ein Ehepaar mit seinem vielleicht zwölfjährigen Sohn zu, der zu Jeans das Vereinstrikot von Borussia Mönchengladbach trägt, allerdings noch mit dem Schriftzug eines Sponsors, der sich inzwischen zurückgezogen hat. Sofort eröffnet er das Gespräch mit Vater und Mutter, macht sie auf dieses und jenes aufmerksam, was auf der Fahrt zu sehen ist, stellt Überlegungen dazu an, dann fallen ihm Geschichten aus der Schule ein. Er hält das Gespräch unausgesetzt in Gang, nicht gegen seine Eltern, sondern mit ihnen, die bereitwillig auf ihn eingehen. Er ist ein aufgeweckter Junge. Nicht aufgekratzt, nicht um Aufmerksamkeit buhlend, sondern wirklich aufgeweckt, lebhaft an allem interessiert, ein Kind, wie es sich Eltern nur wünschen können. Nach einer Viertelstunde kommt mir der Gedanke, daß es zwischen diesem Jungen und seinen Eltern keinen Raum für Schweigen gibt, nicht allein in dieser Situation, deren Zeuge ich bin, sondern prinzipiell. Daran schließt sich der noch fürchterlichere Gedanke an, daß dieser Junge sich niemals langweilt, daß er die wichtige Erfahrung der Langeweile bis heute nicht gemacht hat und vielleicht niemals machen wird. Ich stelle mir vor, daß seine Freunde ihn durchaus schätzen, wegen seiner Lebhaftigkeit und weil er vernünftige Vorschläge zu machen hat, gemeinsame Unternehmungen betreffend. Manchmal allerdings geht er ihnen auch ein wenig auf die Nerven, oder freundlicher gesagt, sie können nichts mit ihm anfangen, weil er nicht in der Lage ist, sich an ihrer gemeinsamen köstlichen Langeweile zu beteiligen. Davon bleibt er ausgeschlossen und fragt sich vielleicht, was es ist, das ihm fehlt.

Beim Verlassen des Oberhausener Hauptbahnhofs passiert der Zug zunächst ein altes, sorgfältig hergerichtetes Industriegebäude mit der weithin lesbaren Aufschrift »Oberhausen Schwerindustrie. Rheinisches Industriemuseum.« Kurz danach wird ein Wegweiser nach »Oberhausen Neue Mitte« sichtbar, ins Centr*O*. also, das größte Einkaufszentrum Europas. Geschichtsunterricht im Minutentakt.

Während eines früheren Landtagswahlkampfes – wann das war, vermag ich nicht mehr zu sagen – verfiel die hiesige Staatspartei auf den Slogan »Wir in Nordrhein-Westfalen«, der sich als außerordentlich wirksam erwies. Das war nicht ohne Weiteres zu erwarten. Die Idee war kühn in einem Bundesland, das künstlich geschaffen wurde und von mehreren Stämmen und durchaus unterschiedlichen Mentalitäten besiedelt wird. Dennoch gelang der Versuch, das im Slogan zunächst nur behauptete

Wir-Gefühl zu erzeugen. Vermutlich war es schon vorher da und suchte nur noch nach einer griffigen Formel. Man wird immer wieder die Erfahrung machen, daß Bewohner dieses Bundeslandes eifrig bereit sind, es gegen Vorurteile zu verteidigen, die ihm in Hessen, Bayern oder Baden-Württemberg entgegengebracht werden, und dies nicht so sehr mit rationaler Argumentation, sondern mit emotionalem Engagement.

Auch ich selber mußte vor kurzem, beim Nachdenken über meinen Wohnortwechsel, erstaunt feststellen, wie sehr ich an dieser Region hänge, in der ich seit mehr als 22 Jahren lebe. Das betrifft vielleicht nicht das ganze Land, in dem ich mich auch nicht gleichmäßig gut auskenne, aber doch große Teile davon, die wenigstens das Rheinland, das Ruhrgebiet und das Münsterland umfassen, vielleicht auch noch einiges mehr. Die massive Ansammlung von Menschen, die dichte Folge der Städte ist es, die mich immer wieder freudig erregt, wenn ich hier unterwegs bin. Und man ist viel unterwegs, die Bewohner des Landes sind mobil. Es ist etwas durchaus Alltägliches, von Köln aus schnell zu einer Ausstellung nach Düsseldorf, ins Theater nach Bochum oder zu Freunden nach Dortmund zu fahren. Selbst die täglichen Staumeldungen auf den Autobahnen zwischen Köln, Düsseldorf, Krefeld, Aachen, Oberhausen und Dortmund erfüllen mich mit diesem stolzen Heimatgefühl, wenn ich sie höre. Das Leverkusener oder das Kamener Kreuz sind Elemente kollektiver Identität eines Ballungsgebietes, das im Bewußtsein seiner Bewohner bis in die Nachbarländer Belgien und Niederlande hineinreicht und das dennoch äußerst differenziert ist. Der Übergang vom Mittelrhein zum Niederrhein oder vom Ruhrgebiet ins Münsterland läßt sich allein schon an der Veränderung des Himmels ablesen. Man muß nicht erst die Architektur zu Rate ziehen.

Schon durch die geographische Lage ist diese Identität extrem »westlich«. Damit ist nicht allein die Ausrichtung auf die Nachbarländer gemeint, je näher man an die Grenze kommt. (Im Kölner Hauptbahnhof hatten die Belgischen Eisenbahnen lange Jahre eine eigene Niederlassung.) Es ist auch ein antipreußischer Affekt dabei, dem durch den geplanten Umzug der Bundesregierung nach Berlin neue Nahrung gegeben wurde. Die rührenden Protestbewegungen gegen diesen Umzug, die mit der Verschwendung von Steuergeldern argumentieren, haben natürlich einen ganz anderen Kern. Außer von der nicht ganz unberechtigten Sorge um die regionale Ökonomie rühren sie aus dem Mißtrauen und dem Unverständnis gegenüber den mittleren und östlichen Teilen Deutschlands. Für viele Rheinländer sind schon Hannover oder Braunschweig außerordentlich exotische Orte. Berlin ist auf jeden Fall feindlich, waren doch Rheinland wie Ruhrgebiet einmal preußisch kolonialisiert, was sich in kölschen Karnevalsuniformen noch ebenso ausdrückt wie in den Zechennamen des Ruhrgebiets (»Unser Fritz«) oder einem Stadtteil wie Gelsenkirchen-Bismarck. Die Städte am Rhein haben keine Probleme damit, kurzzeitig zu Frankreich gehört zu haben, aber unabhängig davon, daß das Land von der sozialdemokratischen Staatspartei regiert wird, hat doch fast jeder seiner Bewohner den Adenauerschen Satz verinnerlicht, Berlin sei nur ein Biwak wendischer Nomaden gewesen, als am Rhein schon städtische Zivilisation blühte.

Die Zahl der öffentlichen Feste und zur Unterhaltung gedachter Veranstaltungen nimmt von Jahr zu Jahr zu. So versucht man, das Gespenst der Langeweile zu bannen, das für Erwachsene viel schrecklicher zu sein scheint als für Kinder. Die Folge ist, daß der Städtebewohner seine Straßen nicht mehr wie gewohnt benutzen kann. Bei Großveranstaltungen wie der Popkomm, dem Köln-Marathon oder diversen Radrennen ist er gezwungen, weiträumig Absperrungen zu umgehen oder zu umfahren. Was dem städtischen Leben auf die Sprünge helfen soll, erweist sich so eher als Hindernis. Der öffentliche Raum wird zugestellt und außerdem lautstark beschallt. Der Hedonismus und das Amusement sind nicht mehr individuelle Möglichkeiten, sondern Gesetz geworden.

In Köln ist zudem jedes Ereignis dieser Art, sei es sportlich, kommerziell oder kulturell, vor allem ein Anlaß, ein Faß aufzumachen und Kölsch auszuschenken.

Eine andere Behinderung der Bewegungsfreiheit, die hier um sich greift, geht von den TV-Anstalten und Filmproduktionsfirmen aus. Fast immer wird irgendwo gedreht, und ein kleines Areal, ein oder zwei Straßen, ein Platz sind abgesperrt. Ordner mit merkwürdigen Armbinden sagen dem sich Nähernden, mit einer Mischung aus Langeweile, Verlegenheit und Gereiztheit: »Sie können jetzt hier nicht durch. Hier wird gerade gedreht.« So verlieren täglich kleine Teile der Stadt ihre Benutzbarkeit und ihren Realitätscharakter, weil sie als mediale Kulisse gebraucht werden.

Wer in den fünfziger oder sechziger Jahren in einer kleinen Stadt aufgewachsen ist, später in die Großstadt ging und heute besuchsweise in irgendeine Kleinstadt zurückkehrt, dem wird der Verfall der deutschen Provinz nicht entgehen. Das hängt nicht nur mit der Rückentwicklung des Schienenverkehrs zusammen, sondern paradoxerweise damit, daß die Provinz um so provinzieller wird, je mehr sie sich der Großstadt anzugleichen versucht. Das McDonald's an irgendeiner Hauptstraße im Emsland oder in Euskirchen zum Beispiel ist nicht etwa das Tor zur Welt, sondern das zur Tristesse, ebenso wie die Spielothek oder die Filiale von Beate Uhse.

Die eigentliche Eroberung der kleinen Stadt durch die großen Städte aber ist durch eine Einrichtung vorgenommen worden, mit der Köln nach dem Krieg Vorreiter war: die Fußgängerzone. Die Hohe Straße ist gleichsam das Modell der deutschen Provinz, und so sieht sie ja auch aus. Kein Wunder, daß Zugreisende, die in Köln ankommen und die Einkaufsmeile jenseits des Doms mit dem Zentrum verwechseln, die Stadt für unendlich provinziell halten. Wie man durch Installation der ewig gleichen Fußgängerzone, ob mit oder ohne Blumenkübel, das Leben aus dem Zentrum von Leer/Ostfriesland oder Ahaus/Münsterland vertrieben hat, das ist hier exemplarisch vorgemacht worden.

Busbahnhof Breslauer Platz. Am Bussteig, von dem die Linie 170 startet, der Flughafenbus, hat ein anderes hedonistisches Programm seine knappste schriftliche Fixierung gefunden. Auf der Glaswand heißt es: »Wir waren hier. H. R. D. 30. 08. 96. Ab nach Tenerifa Sonne.«

Darunter ist zu lesen, in anderer Schrift: »Sie mag Dich«, eine Hoffnung, die jeder auf sich beziehen kann, während er auf den Flughafenbus wartet, und darunter, von wieder anderer Hand, steht der Rat, die Klage oder die Drohung: »Jeden Tag Beten«.

Die *Frankfurter Allgemeine* druckt in ihrer Rubrik »Fundsachen« ein besonders krasses Beispiel für das wachsende Ungeschick im Umgang mit der Schrift ab: »*Ich bitte um Schnelstmögliche zulassung zur Einzelhandels abschlußprüfung. Da ich Schwanger bin, und diesen Beruf da er viel mit Tieren und anderen Stoffen zu tun hat gegen die ich Alergisch reagiere bin, aufgeben. Bitte um schnelle bearbeitung. Danke.* Brief einer deutschen Kauffrau im Einzelhandel aus dem Jahr 1997.«

Die Botschaft ist klar. Die katastrophalen Fehler auf allen Ebenen der Rechtschreibung und der Zusammenbruch der grammatikalischen Konstruktion im zweiten Satz sind bei einer Auszubildenden im Einzelhandel, die immerhin eine wenigstens achtjährige Schulzeit hinter sich haben mag, erschütternd. Schließlich läßt diese Schriftprobe tendenziell auf sekundären Analphabetismus schließen.

Dennoch stimmt mich der Abdruck dieses Kurzbriefes aus ganz anderen Gründen unbehaglich. Mein spontanes Gefühl sagt mir, daß hier eine Intimitätsverletzung vorliegt. Zwar wird auf wirklich alarmierende Verhältnisse aufmerksam gemacht (alarmierend, wenn man die Schrift liebt), und die Anonymität der Briefschreiberin bleibt gewahrt. Mit der Publikation ist dennoch nicht allein sie, sondern eine ganze Gruppe von Menschen dem kulturkritischen Brauenrunzeln und zugleich dem süffigen Gelächter derjenigen preisgegeben, die es besser wissen. Kein Notstand und kein übergeordnetes Interesse rechtfertigt eine solche Verletzung von Intimität, die eindeutig zur Praxis der *yellow press* gehört. Anders aber als bei den Opfern der *yellow press,* welche immerhin einen Teil ihrer Popularität und ihres Status' aus den Gerüchten beziehen, die es um sie gibt, kann sich die Briefeschreiberin nicht wehren. Sollte sie je von der Publikation ihres schriftlichen Versuchs erfahren – was unwahrscheinlich ist, weil sie kaum Leserin der *Frankfurter Allgemeinen* sein wird –, kann sie sich nur gedemütigt fühlen.

Das Ungeschick kann auch amtlich werden. Eine Tafel auf dem Osnabrücker Hauptbahnhof verrät uns: *Osnabrück Hbf. Das Zentrum im Osnabrücker Land.*

Auf einer Rückfahrt von Hamburg nach Köln steigt in Münster eine Frau in den Großraumwagen, in dem ich sitze, und sucht sich einen Platz auf der anderen Seite des Ganges. Sie ist um die vierzig, trägt einen kurzen Mantel, darunter einen Pullover und einen kurzen Rock, der ihre eindrucksvoll schönen Beine zeigt. Sie beginnt sofort zu rauchen. Später wendet sie sich mit einer Frage an eine Mitreisende. Ich verstehe nicht, um was es geht, sehe aber sehr wohl die angestrengte Freundlichkeit, fast Unterwürfigkeit, mit der sie spricht und nickt und gestikuliert. Ich begreife, daß es sich um eine Frau handelt, *die gelebt hat*, die vermutlich lange *im Milieu* gearbeitet hat und nun mit aller Macht sich im bürgerlichen Leben festkrallt. Aber sie muß das Gefühl haben, alle könnten die Spuren ihres früheren Lebens sehen und ist heftig bemüht zu demonstrieren, daß sie damit abgeschlossen hat. Die Art, wie sie beim Sprechen mit ihrer Mitreisenden immer wieder die Augen niederschlägt, verrät Scham. Sie verläßt den Zug schon wieder in Dortmund. Ich sehe sie mit angestrengter Miene, den Kopf leicht gesenkt, in den verregneten frühen Herbstabend entschwinden, eine Verliererin, die mich rührt und der ich nachrufen möchte, daß sie nicht den geringsten Grund hat, sich zu schämen.

Einige Wochen danach lese ich eine Besprechung der großen Ausstellung mit Werken von Georges de la Tour im Pariser Grand Palais. Ganz oben auf der Seite sind die vier Versionen der *Büßenden Magdalena* abgebildet, die der Lothringer über die Jahre hinweg gemalt hat. Sie zeigen die Sünderin in einem nächtlichen Zimmer, verschämt, zerknirscht, auf drei der vier Gemälde mit gesenktem Kopf, den sie in die Hand stützt, und ich möchte ihr das gleiche zurufen wie der Frau auf dem Dortmunder Hauptbahnhof.

Dagegen die Touristin aus Spanien oder Südamerika, die an einem strahlenden, schon kalten Oktobertag auf der Domplatte steht, ganz am Rand, nahe den Stufen, die in

Richtung Café Reichard und WDR-Funkhaus führen. Sie braucht den größtmöglichen Abstand zum Dom, um seine Türme fotografieren oder filmen zu können, ein Bild, das sich täglich mit wechselnden Personen hundertfach wiederholt. Nachdem sie diese Arbeit beendet hat, ist ihrem Gesicht die Freude darüber anzumerken, unterwegs zu sein, noch mehr: auf der Welt zu sein. Es ist Weltfreude, Daseinsfreude, ein einziges sichtbares Zeichen des Protests gegen die Vergänglichkeit.

Einmal nachmittags in Amsterdam, als wir uns geliebt hatten und erschöpft nebeneinander lagen, bemerkte M. meine Traurigkeit und fragte danach. »Ich denke gerade daran, daß alles so vergänglich ist«, sagte ich. (Das Übliche: *post coitum omne animal triste.*) Sie lächelte, fast ein wenig erstaunt: »Aber das ist doch gerade das Schöne!« In diesem Moment wußte ich, daß ich sie verlieren und daß sie stärker sein würde als ich, auch wenn ich es mir nicht eingestand und im übrigen glaubte, daß dies höchstens zu einem unvorstellbar fernen Zeitpunkt der Fall sein würde, der gewissermaßen schon am Ende meines Lebens lag, wenn nicht danach. Ich wußte nicht, daß M. schon wenige Wochen danach eine Passantin gewesen sein würde, aus meinem Leben verschwunden und nur noch schwach in der Ferne sichtbar. Und auch sie wußte es damals nicht, denn »in Amsterdam«, so sagte sie mir später einmal, nicht ohne Erstaunen, »da dachte ich wirklich, das wird ewig dauern.«

In der Nacht vor dem Flug nach Saloniki träume ich, G. habe mich für ein paar Tage eingeladen. Sie hat außerdem viele andere Gäste in diesen Tagen. Das Haus ist immer voll, wir sind nie allein. Das fände ich noch nicht so schlimm. Weit mehr empört mich, daß G. sich überhaupt nicht um mich kümmert, wohl aber um alle anderen Männer, die sie umschwirren, ihren Ehemann eingeschlossen. Am Tag, an dem ich abreise, vorzeitig, sehe ich sie endlich für einen Moment allein in der Küche und sage: »Du kleine Fotze, was bildest du dir eigentlich ein, so mit mir umzugehen? Was denkst du denn, was du alles mit mir machen kannst?« Aber sie lacht nur, nicht einmal die vulgäre Anrede stört sie, und streicht mir einmal übers Haar. Ich muß erkennen, wie nutzlos all meine Wut ist.

Als ich aufwache und der Traum noch für einen kurzen, heftigen Moment präsent ist, weiß ich sofort, daß nicht G. gemeint ist, sondern M.

In Saloniki gehen wir der Arbeit als Kulturbotschafter nach. Genauer: Da Saloniki in diesem Jahr europäische Kulturhauptstadt ist und eine Städtepartnerschaft mit Köln besteht, dürfen in zwei aufeinander folgenden Wochen vier Kölner Autoren, jeweils im Zweierpack, im dortigen Goethe-Institut aus ihren Büchern vorlesen, kurz vor Ablauf der Hauptstadtzeit, Ende Oktober und Anfang November. Für etwa zwei Stunden Arbeit pro Autor beschert man uns einen viertägigen Aufenthalt mit keinerlei weiteren Verpflichtungen. Wir wohnen in einem zentral gelegenen Hotel, an dem mehrere große Straßen fast sternförmig zusammentreffen, und von dort aus unternehme ich meine Streifzüge, allein oder zusammen mit der wunderbaren Elke Heidenreich. Manchmal sind wir auch zu dritt unterwegs, mit Sophia, die unsere Lesungen moderiert und übersetzt und uns auch als Stadtführerin dient, obwohl sie wie wir in Köln wohnt.

Es ist balkankalt um diese Jahreszeit, und in der Mode der jungen Menschen hat hier wie wohl überall in Europa die Farbe Schwarz gesiegt: schwarze Hosen, schwarze Jacken, schwarze Pullover, schwarze Mäntel, schwarze Schals, ganz zu schweigen von den Schuhen. Junge Menschen gibt es viele in Saloniki, das allein siebzigtausend Studenten beherbergt. Die ganze Stadt wirkt jung und ist Tag und Nacht in Bewegung, der enorme Verkehr scheint niemals aufzuhören. Irgendwann, denkt der Besucher, müßten doch alle ihr angestrebtes Ziel erreicht haben, spätestens nachts um drei, aber es kommen immer neue Autos nach. Mindestens vier- oder fünfmal täglich stehe ich am Fenster meines Hotelzimmers und beobachte die Autos, die aus verschiedenen Richtungen aufeinanderzurollen und sich dann umeinander schlängeln. Obwohl hier Ampeln in Betrieb sind, wird an neuralgischen Stellen wie dieser der Verkehr zusätzlich von Polizisten geregelt, sonst ginge recht bald nichts mehr vorwärts.

Fußgänger leben sehr gefährlich in Saloniki, und doch macht es Freude, auf den breiten Boulevards des Zentrums an den Geschäften vorbeizugehen bis hinunter ans Meer. In diesem Zentrum findet man sich sehr schnell zurecht, denn hier ist Saloniki fast so übersichtlich wie

Manhattan. Kaum etwas vom Verwinkelten und auch Verwunschenen, das man gemeinhin mit südeuropäischen Städten assoziiert. Statt dessen eine ganze Perlenkette sehr eleganter und teurer Geschäfte, für die es, wie man sehen kann, auch ein Publikum gibt. Die Stadt zieht nicht nur Griechen an, sondern nach dem Fall der osteuropäischen Grenzen auch die Gewinner aus Bulgarien, Albanien, Mazedonien, vielleicht sogar Serbien, und ist heftig darum bemüht, sich als Balkanmetropole durchzusetzen.

Die Nachmittage verbringe ich in meinem Hotelzimmer, meist auf dem Bett lesend, von der bewunderten Natalia Ginzburg gefesselt wie immer. Den schweren blauen Vorhang vor der Balkontür habe ich zugezogen, um nicht vom Blick auf den ineinander gewundenen Verkehr und die kleinen Figuren abgelenkt zu sein, die gehetzt zwischen den Autos hindurchhuschen. Manchmal stehe ich auf, öffne ihn und sehe auf das Leben dort hinunter. Wenn ich zudem die Tür aufmache, habe ich auch die Geräusche dazu. Dann schließe ich Tür und Vorhang wieder, und die Welt ist verschwunden. Welt zu mir, Welt fort. Das Gleiche auch abends, nachts, und am Morgen nach dem Erwachen. Ein großes Gefühl von Macht und Geborgenheit.

Auf dem Flughafen in München auf der Rückreise, während Elke und ich am frühen Sonntagabend auf das *boarding* für eine verspätete Maschine warten, sehe ich Kinder, die von ihren Eltern auf Gepäcktrolleys durch die Halle geschoben oder auf dem Arm getragen werden. Manche von ihnen schlafen fest, andere starren »ausdruckslos« in die Halle. An einer Snackbar hat eine Großmutter, die sich Kaffee holt, ihre vielleicht fünfjährige Enkelin auf einem Trolley abgelegt. Das Mädchen scheint mit offenen Augen zu schlafen und macht einen Schmollmund dabei, ohne jedoch verärgert oder übermüdet zu wirken. Es übt sich in Geduld, indem es sich ganz in die langweilige Situation versenkt. So tun es fast alle diese Kinder hier, die zum Teil schon eine lange Reise hinter sich haben und noch immer nicht zu Hause angekommen sind. Das Warten empfinden sie nicht wie ihre Eltern als tote Zeit, und so bleiben sie trotz aller Strapazen Prinzessinnen und Paschas, die sich durch die Welt tragen lassen. Und einige von ihnen sind so schön, wie es ein Erwachsener nie mehr sein kann.

Die Rückenlehne einer schon leicht verwitterten Bank im Stadtgarten, auf halber Höhe zwischen der Kirche St. Alban und dem Stadtgartenrestaurant, hat über Monate die in Versalien geschriebene Inschrift »Gott du Strich« getragen. Die hier und da spürbaren Bemühungen der öffentlichen Ordnungsmächte, unerwünschte Schriftkultur zu tilgen, ist an dieser Blasphemie achtlos vorübergegangen. Seit kurzem aber ist ein Eingriff daran vorgenommen worden. Nicht der ganze Spruch ist jedoch schwarz übermalt worden, sondern lediglich das Attribut »du Strich«, so daß Gott als Sieger über seine Spötter allein auf der Lehne zurückbleibt. Soviel Raffinesse wird man kaum einer städtischen Reinigungskolonne zuschreiben können, sondern nur einem oder mehreren Abgesandten des geschmähten Gottes.

Auch die winzigen Pflastersteine im Mediapark nahe VIVA werden immer wieder gereinigt. Vermutlich möchte man auf diesem Terrain alle Zeichen, die auch nur im geringsten auf so etwas wie Verslumung deuten könnten, so schnell wie möglich tilgen, selbst wenn sie sich nicht als grelle Graffiti an den Wänden, sondern als kleine kalligraphische Zeugnisse auf dem Boden finden. Einige der Liebesgrüße, die ich weiter vorn zitiert habe, sind schon jetzt dort nicht mehr zu finden.

Es dauert aber niemals lange, bis die Steine neu beschriftet sind. Dem glühenden Verehrungswillen junger Mädchen ist das Ordnungsdenken auf Dauer nicht gewachsen. Während sie vor der Tür des *Komed*-Hauses auf die boys warten, die bei VIVA zu Gast sind – uniformierte Sicherheitskräfte mit der Aufschrift *Security* auf ihren Hemden und in besonders kritischen Fällen sogar Absperrungen sorgen dafür, daß die Mädchen nicht einfach ins Haus können, um dann womöglich den Eingang zu VIVA zu stürmen –, zeigen sie sich ihre Hefte mit den eingeklebten Fotos und den Autogrammen, die sie erjagt haben, und dann vertreiben sie sich die Zeit damit, auf den kleinen Steinen kunstvoll neue Liebesgrüße unterzubringen.

U-Bahnhof Rudolfplatz, Warten auf die nächste Bahn. Auf einer Bank sitzt eine junge Orientalin, vermutlich Türkin, mit Kopftuch und in ein langes Gewand eingehüllt. Im ersten Moment will sich diese Mischung aus

Bedauern und leichter Aggression einstellen, begleitet von allen möglichen Vorstellungen, wie es zu Hause wohl zugehen mag. Dann sehe ich, daß sie eine Zigarette raucht und einen recht zufriedenen, beinahe vergnügten Eindruck macht. Dabei leuchtet auf der elektronischen Anzeige das Wort *Rauchverbot* auf, wie immer, wenn die nächste Bahn noch nicht angezeigt wird. Das kümmert in Köln zwar niemanden, von ihr aber hätte ich es wie selbstverständlich erwartet.

Fünfter Dezember. Auf dem See im Mediapark liegt zum ersten Mal eine dünne Eisschicht, die zwar keine Menschen tragen würde, auf der sich aber die Möwen niedergelassen haben, alle auf der Cinedom-Seite der Brücke übrigens, die in der Sonne liegt. Strahlender Tag, kalt, Assoziationen zu einem holländischen Wintertag könnten sich einstellen. Aber der Himmel spielt nicht mit. Er bleibt mittelrheinisch, ist nicht hoch und klar genug und wird von blassen Federwolken durchzogen, die wie ein Fresko an einer Kirchenkuppel wirken. Katholischer Himmel.

Der Andrang zu VIVA ist heute besonders groß, man hat wieder die Absperrgitter aufbauen müssen, die einen schmalen Zugang zum *Komed*-Haus freilassen, während die Mädchen dahinter brav warten. Die Privilegierten, die ohne jede Kontrolle ins Haus dürfen, und das sind alle, die nicht dreizehn- oder vierzehnjährige Mädchen sind, müssen durch dieses Spalier gehen. Eine eigenartige Konstellation, weil ihnen für eine halbe Sekunde ein wenig von der Aufmerksamkeit zuteil wird, die eigentlich für die *Back Street Boys* oder wen auch immer reserviert ist. Kein angenehmes Gefühl, weil die Mädchen durch die Leere ihres Blicks und ihr Geplapper untereinander jedem, der hindurchgeht, signalisieren: Du bist es nicht, auf den wir warten.

Als ich das Spalier ein zweites Mal passiert habe und den Mediapark schon wieder verlasse, kommen mir auf der Brücke noch immer neue verehrungswillige Mädchengruppen entgegen.

Von Jahr zu Jahr sehe ich auf den Straßen unserer Städte mehr Menschen, die bis in den späten Vormittag, ja bis in den Nachmittag hinein ganz offensichtlich mit den Folgen übermäßigen Alkoholkonsums am Vorabend zu kämpfen haben. Nicht die schon ausgegliederten und auf der Straße lebenden Trinker meine ich, sondern die, die noch sozial eingebunden sind, einer Arbeit nachgehen und an diesem fortgeschrittenen Tag, um im Jargon zu sprechen, noch immer »leichte Anlaufschwierigkeiten« haben, wie man an ihrem weichen Gang, an schweren und flackernden Lidern oder am stumpfen Blick sehen kann. Bei manchen ist das die Ausnahme, bei anderen ein täglich sich wiederholender Zustand. Sie funktionieren noch, auch wohl zur hinreichenden Zufriedenheit ihrer Chefs und ihrer Familien, aber aus dem Kreis von Kater, Ernüchterung und neuem Rausch finden sie nicht mehr heraus, als ließe sich das Leben für sie nur so gerade noch ertragen.

Zudem wird das Trinken immer öffentlicher. Der Konsum von Alkohol geschieht keineswegs mehr nur in Gaststätten, Biergärten oder zu Hause, sondern gleichsam im Gehen, auf der Straße. Auch hier meine ich nicht jene, deren Trinkerkarriere mehr oder weniger abgeschlossen und für jeden sichtbar ist, sondern wiederum noch sozial eingebundene Bürger. Ein Grenzfall sind die jugendlichen Punks, deren Straßenexistenz in der Regel auf ein paar Jahre beschränkt ist, bevor sie sich wieder anpassen. Die geben ein im Grunde klar umrissenes Bild ab: man glaubt, etwas über sie zu wissen. Anders verhält es sich bei den ganz durchschnittlich gekleideten jungen und manchmal auch älteren Menschen, die wie selbstverständlich mit einer geöffneten Bierdose oder -flasche die Straße entlangschlendern oder in die U-Bahn einsteigen und ab und zu selbstvergessen einen Schluck nehmen. In der Mehrzahl machen sie nicht den Eindruck von Betrunkenen. Sie gehen öffentlich mit der Flasche so selbstverständlich um, wie man auf der Straße raucht oder, was meistens mit kleinen Unfällen verbunden ist, inzwischen auch ißt. In ihrem Gestus gibt es keinen Versuch der Heimlichtuerei, keine Zeichen von Scham. Es mag Zufall gewesen sein und am schönen Sommerabend gelegen haben, die meisten trinkenden Passanten sah ich vor einigen Monaten in Hamburg. Ordentlich, zum Teil sehr gut gekleidet, zogen immer wieder einzelne ebenso wie Paare oder Gruppen an mir vorbei, mit geöffneten Flaschen oder Dosen, zum Teil in lebhafte Unterhaltungen verwickelt, niemand gelangweilt, fast alle irgendwelche Ziele anstrebend, manche davon das nahe Deutsche Schauspielhaus, vor dem sie inmitten der Menge auf Einlaß warteten.

An der Nord-Süd-Fahrt, dort, wo die Breite Straße in die Minoritenstraße übergeht. Die Ampelregelung für Fußgänger ist hier an einer Stelle etwas verwirrend, gleichwohl aber nachvollziehbar. Ein Paar, das von der Fußgängerinsel auf die linke Seite der Minoritenstraße wechseln will, wird beinahe von einem flaschengrünen Mercedes erfaßt, der von der Nord-Süd-Fahrt aus links einbiegt. Wütend schlägt der Mann einmal auf das Heck des Wagens ein, vielleicht im Glauben, im Recht zu sein. Fußgänger haben in dieser Phase jedoch Rot, und alle anderen sind auch brav stehengeblieben. Der Mercedes fährt noch zwei Meter weiter, hält dann, die Fahrertür wird aufgerissen. Ich bin noch zu weit entfernt, um sehen zu können, ob der Fahrer, der im Wagen sitzenbleibt, eine Drohgebärde macht oder das Paar einfach nur zur Rede stellen möchte. Plötzlich rennt der junge Mann, groß, bullig und in eine schlecht sitzende Daunenjacke gekleidet, auf den Wagen zu. Die Fahrertür wird schnell zugezogen, der Mercedes fährt weiter, flieht vor der Stärke. Inzwischen habe ich fast gleiche Höhe mit dem Paar und sehe jetzt, während es gut gelaunt entlang der Minoritenkirche weitergeht, wie die Frau sich an den jungen Mann schmiegt und bewundernd aufschaut zu ihm, der ein ganzes Stück größer ist. Sofort setzt ein heftiger misogyner Schub bei mir ein, der sich in dem Gedanken zusammenzieht: Dafür wird sie ihm heute abend gepflegt einen blasen.

Es ist der Haß auf die (physische) Stärke und die imaginierte Bewunderung des Weibchens für diese Stärke, die diesen kleinen Wutanfall in mir hervorruft. Dabei ist mir klar, daß ich selber in Kategorien der Stärke denke. Schon der Wunsch, die Geliebte »auf Händen zu tragen«, verbleibt in diesem Rahmen, und in der glückseligen Zeit mit M. trug mich auch der Stolz, sie »erobert« zu haben. Nur, daß mein Begriff von Stärke sich naturgemäß weniger mit der Physis verbindet. Aber mit Raub, List, Intrige und dem Gewaltsamen, das vom Wort Eroberung nicht zu trennen ist, mit Überwältigung also hat er sehr wohl zu tun. Eine gegenseitige Überwältigung, versteht sich, ein Kampf, der trotz der Momente der größten Verschmelzung nicht zur Ruhe kommt in kuscheliger »Partnerschaft«, im distanzlosen Vertrauen.

M. hatte früher ein paar Semester Geschichte studiert. Die Gestalt, die sie am meisten faszinierte, war Talleyrand.

Die Szene an der Minoritenstraße zeigt noch etwas anderes, wieder einmal: wieviel Entschiedenheit, ja Zivilcourage die Bewohner unseres Landes aufbringen, wenn es um ihre wirklichen oder vermeintlichen Rechte als Verkehrsteilnehmer geht. Das trifft gleichermaßen auf Automobilisten, Zweiradfahrer und Fußgänger zu.

Eine gerade nicht radelnde Radfahrerin unterhält sich mit einem Bekannten auf dem schmalen Bürgersteig in der Breite Straße. Das Hinterrad ihres Gefährts ragt dabei auf die Straße. Nun kommt eine gerade aktiv radelnde Radfahrerin daher, die natürlich Platz genug hätte, dem kleinen Hindernis auszuweichen. Da es aber um Grundrechte geht, klingelt sie zunächst, stoppt dann, steigt ab und erklärt ihrer reichlich verblüfften Mitradlerin, daß sie eine ernsthafte Behinderung ausübt. Das wird gar nicht einmal besonders aggressiv gesagt, eher aufklärerisch, staatsbürgerlicher Unterricht gewissermaßen. Dann nutzt sie den reichlich vorhandenen Platz und fährt weiter.

Es herrscht das Prinzip der Kleingartenkolonie. Ein jeder hat seine Parzelle, und die verteidigt er. Der Radfahrer wird wild, wenn ein verträumter Fußgänger den Radweg betreten hat. Der Fußgänger schüttelt die Faust gegen den Autofahrer, der im Stau auf dem Zebrastreifen zum Halt gekommen ist und keine Chance hat, sich vorwärts oder rückwärts zu bewegen. Die Autofahrer weisen sich mit allerhand obszönen Handzeichen ständig auf ihre gegenseitigen Rechte hin. Großzügigkeit, die entschuldigende Geste, die schnelle Verständigung sind selten. Lässigkeit, die das Gegenteil von Rücksichtslosigkeit ist, und die flexible Handhabung der Regeln sind eine Gefahr. Latent bedrohen sie die Grundrechte. Die Regeln sind dazu da, um eingehalten zu werden, nicht um einen gemeinsamen Boden zur Verständigung zu bieten. Verständigen möchte man sich eben nicht, sondern auf dem eigenen Terrain ungestört seine Kreise ziehen.

Vormittags gegen halb zehn, wenn es klingelt, drücke ich den Türöffner ohne Nachfrage durch die Gegensprechanlage, weil ich weiß, daß um diese Zeit der Briefträger ins Haus will. Zu jeder anderen Zeit aber, wenn ich niemanden erwartet habe, schrecke ich leicht zusammen, wenn der reichlich schnarrende Ton der Klingel zu hören ist. Der spontane Besuch, gewissermaßen das An-die-Tür-Klopfen im Vorübergehen, ist in der Großstadt, zumindest in meinem Milieu, nicht mehr üblich. Man verabredet sich, bevor man jemanden an der Wohnungstür überfällt. Selbst wenn man dem Freund drei Straßen weiter nur schnell etwas vorbeibringen will, ruft man ihn zehn Minuten vorher an, um ihn zu warnen.

Es gibt hier eigentlich nur zwei Personen, die mich spontan besuchen und die spontan zu besuchen ich mich traue. Auch das natürlich nicht zu häufig. Wir alle haben Angst, aufdringlich zu sein, die intime Sphäre des anderen zu verletzen, und Angst davor, daß die eigene intime Sphäre verletzt werden könnte. Dabei ist meistens wenig daran zu schützen, weil in ihr kaum etwas passiert. Wir sitzen vor unseren Computern, unseren Büchern, unseren Fernsehern, wir kochen uns unsere Singlemahlzeiten und putzen ab und zu das Bad, das ist alles.

Unsere Computer, die e-mail und das Internet, die uns mit der Welt verbinden, schützen zugleich vor unerwünschten Berührungen und Hautkontakten. Wir müssen kaum noch jemandem nahe kommen, um gemeinsame Projekte und Geschäfte mit ihm zu machen. Es ist, als ob die neue Informationstechnologie, die in Wahrheit ein Schritt zum viel zitierten gläsernen Menschen ist, eine weitere Schutzhülle um die Menschen legt und um den Raum, den sie bewohnen.

Die ist manchmal zu wirksam, und der plötzliche Hunger nach Nähe und nach nicht-virtueller Welt muß gestillt werden. Unsere Städte halten dafür die Angebote der Unterhaltungsindustrie bereit, vom Kino über den Freizeitpark, das Rockkonzert, die Disco bis zur »Erlebnisgastronomie«. Der geübte Einsame aber fühlt sich am wohlsten im Konsum, weil er sich hier in der Menge bewegen und doch immer noch die Distanz halten kann, die ihm die Settings der Freizeitindustrie nehmen. Baudelaires berühmte Vorübergehende – »Dich hätte ich geliebt, und du hast es gewußt« – trifft man heute am ehesten auf der Rolltreppe im Kaufhof, in entgegengesetzter Fahrtrichtung. Der fehlende Hautkontakt, ebenso ersehnt wie gefürchtet, wird durch den Kauf edler und schmeichelnder Stoffe ersetzt, die oralen Bedürfnisse werden an der Sushi-Bar gestillt. Information und Konsum, beide im Überfluß, bilden die Dyade, die unser Leben bestimmt und die uns tröstet.

In solch gedämpften Komfort muß das Glück natürlich einbrechen wie eine Katastrophe, weil es uns aus den gewohnten Verankerungen reißt. Nicht den Lottogewinn meine ich und auch nicht den großen und durchaus unerwarteten beruflichen Erfolg, auch nicht die heftige und beflügelnde Verliebtheit, die man schon ein paarmal durchgemacht hat, sondern die Gewißheit, dem einen Menschen begegnet zu sein, von dem man nicht vorsichtig annimmt, sondern sofort weiß, daß er es ist. Man kannte ihn schon, bevor man ihn zum ersten Mal sah: So erklärt es Félicie im *Wintermärchen,* und so erging es mir, als ich M. zum ersten Mal sah.

Das Glück, das auf eine solche Begegnung folgt, ähnelt nur auf den ersten Blick den schon bekannten

Höhenflügen der Verliebtheit, die uns bis zu einem gewissen Grad ja auch aus unseren Verankerungen lösen und vom Boden erheben. Es ist begleitet von dem Gefühl, jetzt, in diesem Moment, ein absoluter Günstling des Schicksals? der Götter? zu sein und zugleich von der abgrundtiefen Angst, man werde so tief fallen wie noch nie, wenn diese Gunst vorbei ist. Gegen den eigenen Willen befindet sich dieser Glückliche in einer Hybris, die die eigene Gnade feiert und das Unglück der anderen verlacht. Er kann sich dagegen nicht wehren und ahnt doch schon, daß er dafür schwer bestraft werden wird.

Vielleicht darf niemand ohne Strafe *so* glücklich sein, wie ich es war, denke ich bis heute manchmal, auch wenn sich gleichzeitig alles in mir gegen eine so verquere Idee von Gerechtigkeit sträubt. Dieser Gedanke stellt sich noch immer ein, wenn die Erinnerung an damalige Glücksmomente mit ungedämpfter Wucht, mit eidetischer Genauigkeit zurückkehrt. Das geschieht ohne Vorwarnung an Orten, die unserer gemeinsamen kurzen Geschichte angehören, die ich aber seitdem schon hundertmal und öfter passiert habe, ohne daß etwas geschehen wäre. Plötzlich aber, es mag am Licht liegen oder an einer bestimmten Mischung der Straßengeräusche, wird das vergangene Glück an dieser Stelle wieder revoziert und mit ihm der Schmerz, daß es vergangen ist. Auf diese Art und Weise ist ein großer Teil der Stadt latent besetzt, gewissermaßen kontaminiert, und das ist der Grund, warum ich sie verlassen muß.

Eine Mutter und ihre etwa siebenjährige Tochter auf ihren Fahrrädern an der Ecke Spichernstraße/Gladbacher Straße, die Mutter in einem roten, die Tochter in einem grünen Anorak. Die Tochter hat angehalten; ihre Mutter bemerkt das erst, nachdem sie dreißig Meter in die Spichernstraße Richtung Mediapark hineingefahren ist, hält nun ebenfalls und ruft: »Komm!« Die Tochter bewegt sich nicht, ruft aber auch nichts zurück. Immer wieder versucht es die Mutter: »Komm! Du sollst kommen!«, nicht einmal besonders ärgerlich, eher erstaunt über diese plötzliche Störung des Tagesablaufs. Ihr fällt nicht ein, die Tochter zu fragen, warum sie nicht weiterfahren will, und sie fährt auch nicht zurück, um sie abzuholen, sondern wiederholt nur immer wieder ihr »Komm! Du sollst kommen!«. Schließlich setzt sich das Kind in Bewegung, und beide fahren weiter, wobei die Mutter einmal kurz den Kopf schüttelt. Es scheint aber keine wirkliche Mißstimmung zwischen ihnen zu herrschen. Sie tun einfach so, als sei nichts vorgefallen, und belassen es dabei.

Auf einem Bahnsteig des U-Bahnhofs Friesenplatz laufen an einem schmuddligen Dezembertag zwei Tauben hin und her. Sie erscheinen jedoch keineswegs aufgeregt oder verängstigt, sondern eher so, als benutzten sie den U-Bahnhof bei schlechtem Wetter als selbstverständlichen Fluchtort, wie wir die Passage oder das Warenhaus.

In einer Filiale meiner Bank, knapp zwei Wochen vor Weihnachten. Ich schreibe einige Überweisungen. Am Tisch einer Kundenberaterin verabschiedet sich eine Frau Mitte Dreißig, macht noch einen Scherz und erhebt sich dann mit dem für Köln typischen blökenden »Tschö!« und dem Wunsch für frohe Weihnachten und ein gutes neues Jahr. Die Kundenberaterin und ihre Kollegin am Nebentisch blöken dieselben Wünsche zurück. Die Kundin mag in einem Büro arbeiten oder auch ein kleines Geschäft führen, das ist so genau für mich nicht auszumachen. Wichtig ist, daß sie die Bank im Wortsinn *erhobenen Hauptes* verläßt und mit einem Lächeln, in dem sich Erleichterung und Triumph mischen. Sie hat gerade ihre Bonität bewiesen und damit ihre Zugehörigkeit. Der Ruin, vor dem wir alle Angst haben, die sehr reichen Leute ausgenommen, ist derzeit gebannt, und mit ihm die absolute Schande.

Die Banken sind die Kirchen unserer Zeit, und die Geldautomaten sind ihre Beichtstühle. Wir alle haben als Beobachter schon die Situation erlebt, in der sich ein Mann mit im ersten Moment versteinertem Gesicht vom Geldautomaten abwendet, weil dieser ihm gesagt: »Keine Auszahlung möglich.« Der Abgewiesene hat hier jedoch noch die Möglichkeit, das Peinliche des Vorfalls zu überspielen und so zu tun, als habe er die Transaktion eigenständig abgebrochen, oder wahlweise etwas über den »verdammten Magnetstreifen« zu murmeln. Er wird dann mit einem leichten Lächeln oder einem lockeren Schulterzucken an der Reihe der hinter ihm Wartenden

Geldautomat
ec

vorbeigehen, die ihrerseits so tun, als hätten sie nicht bemerkt, daß er keinen Kredit mehr hat, daß er keinen Glauben mehr findet bei seinen Gläubigern.

Kredit, Gläubiger, Schuldner – die Sprache des Geldes und der Banken ist voll religiöser Begrifflichkeit. Das Geld hat Gott abgelöst, und Gott kann strafen, was er in diesem Fall durch seine Stellvertreter auf Erden tut, die Kreditinstitute. Wer am Geldautomaten keine Absolution bekommt, der steht schon kurz vor dem Fegefeuer.

Die meisten von uns haben aber auch schon die Situation miterlebt, in der sich jemand nicht mit versteinertem, sondern verzweifeltem Gesicht vom Automaten abwendet, wohl wissend auch, daß die Wartenden hinter ihr gesehen haben, wie ihre Karte einbehalten wurde. Hier hilft kein leichtes Lächeln oder lockeres Schulterzucken mehr. Nur noch mit niedergeschlagenen Augen kann die Sünderin den Beichtstuhl verlassen. Scham und Schuldgefühl – der Schulden wegen – bedrängen die aus der Gemeinde der Kartenbesitzer Ausgeschlossene. Und da der Geldautomat wenigstens im Grad der Diskretion hinter dem Beichtstuhl zurückbleibt und im Zweifelsfall die Schande öffentlich macht, ist er zugleich auch der Pranger unserer Zeit. So verbinden sich zwei mittelalterliche Einrichtungen in einem Produkt moderner Technologie.

An der Ampel vor zwei Frauen wartend, die sich über Weihnachtsgeschenke unterhalten. Es sind vielleicht Verwandte, eine von ihnen jedenfalls spricht über Kinder, die sie beide kennen, und fragt: »Hast du denn schon was für die?« Die andere schlägt gleichsam verbal die Hände über dem Kopf zusammen und sagt: »Mein Gott, wenn du wüßtest, was die sich wünschen!« »Was denn?« »Naja, das sind Geschenke im Wert von drei- bis vierhundert Mark!«

Daran ist nicht auffällig, daß die Frau nicht drei- bis vierhundert Mark ausgeben möchte oder kann für Kinder, die nicht ihre eigenen sind: das ist verständlich. Auch, daß sie auf die Frage nicht die konkreten Geschenke nennt, sondern wieviel Geld sie dafür ausgeben müßte, zeigt nur, daß sie auf der Höhe der Zeit ist. Sie ist es so sehr, daß sie schon die mediale Ebene erreicht hat, die Ebene der Zuschauerfragen und Preisrätsel. Davon spricht ihre Formel »im Wert von«, die nicht ihre eigene ist. Sie ist dem Spot »Und das sind Ihre Preise« entnommen, in dem das Auto im Wert von 28.500 DM genannt wird oder die Urlaubsreise im Wert von 2000 DM. Sie kommt aus der Sphäre des Gutscheins im Wert von 15 DM, der bis zum 31. Januar des nächsten Jahres eingelöst werden kann. Es ist ihr nicht vorzuwerfen, daß sie anders die Frage, die man ihr gestellt hat, nicht beantworten kann.

In Kölns edelstem Möbelhaus, in der Abteilung für Accessoires und Kunstgewerbe. Wegen der nahen Festtage herrscht Hochbetrieb, und die älteren Damen, die hier arbeiten, sind eifrig damit beschäftigt, soeben von Kundinnen erworbene Artikel festlich einzupacken. Die Kundinnen, in der Mehrzahl um die vierzig Jahre alt und damit meist noch etwas jünger als die Verkäuferinnen, sehen ihnen dabei zu. Auf ihren Gesichtern ist Anspannung ebenso wie Erleichterung, eine verhaltene Freude und eine ebenso verhaltene Trauer zu erkennen. Es sind Ehefrauen; sie haben schon Kinder großgezogen oder sind noch damit beschäftigt. Finanziell sind sie gut gestellt, sonst würden sie hier nicht einkaufen. Wenn sie die verpackte Ware in Empfang nehmen, gewinnt die Freude die Oberhand. Diese Vase, dieses schöne Kissen, dieser Wasserkessel von Alessi sind Entschädigungen für all das, was das Leben ihnen angetan und was es ihnen verwehrt hat.

Abends um sechs in der Apostelnkirche, eine Woche vor Heiligabend. Während sich draußen Menschenmassen durch Mittelstraße und Apostelnstraße schieben, auf der Suche nach Geschenken und nach Trost, steht mir die Kirche, die ich schon manches Mal der plötzlichen Ruhe und des Aufatmens wegen betreten habe, ganz allein zur Verfügung. Bisher waren doch immer wenigstens ein paar andere hier gewesen, die sich für einige Minuten vor der Stadt retten wollten, manchmal auch ein oder zwei Betende in den Bänken. Aber nur der Eingangsbereich steht heute dem Besucher offen, der Weg zwischen den Bänken zum Altar ist durch ein Gitter versperrt.

Ich bin also allein hier, nicht mit Gott, der mir schon so lange abhanden gekommen ist, sondern wirklich allein. Man kann eine Kerze anzünden für die Krippe oder daneben eine für den Heiligen Antonius, dessen Kirche in Padua ich vor Jahren gesehen habe. Dort ist es unmöglich, allein zu sein. Ich entscheide mich für den Heiligen Antonius, der mir, bei meiner bescheidenen Kenntnis dieser ganzen Sphäre, einer der freundlichsten und

30
ZONE
ZONE

hilfsbereitesten Heiligen überhaupt zu sein scheint. Vor allem aber denke ich an Félicie, wie sie mit ihrer Tochter in der Kathedrale in Nevers ist und auf der Bank sitzt, während die Kleine sich die Krippe anschaut. Im Film ist es der siebenundzwanzigste Dezember, und auch die beiden sind ganz allein. Ich zünde also die Kerze an, nachdem ich zuvor tatsächlich die erbetenen vierzig Pfennig in den Kasten geworfen habe, und still sage ich einen Wunsch, mit der ganzen Kraft des Glaubens an das beinahe Unmögliche, wie ich es bei Félicie gelernt habe.

Gleich anschließend fahre ich zu Saturn und nehme den Film in meine private Videosammlung auf, weil ich weiß, daß ich die Möglichkeit haben möchte, einige seiner Szenen, bestimmte kurze Sequenzen immer wieder zu sehen. Unter diesem Aspekt habe ich mir auch die anderen Filme meiner Sammlung gekauft, mit der ich Anfang des Jahres begonnen habe. Vorspulen, anhalten, zurückspulen. Video macht die Kinokultur kaputt, sagen die cineastischen Kulturkritiker. Auch ich habe das einmal gesagt, bis ich im Selbstversuch herausfand, daß es sie im Gegenteil steigert, weil man im Film jetzt gleichsam blättern kann wie in den Seiten eines Buches, und weil man ihn vorübergehend beiseite legen kann wie ein Buch. Man ist ihm nicht mehr ausgeliefert. Gewiß, die Aura des Kinos ist nicht da, und mit der beliebigen Verfügbarkeit schwindet die ergriffene Ehrfurcht vor dem Film. Dafür wächst die Aufmerksamkeit für jedes seiner Details, und ein Regisseur, der nicht einfach nur überwältigen möchte, kann sich schwerlich etwas Besseres wünschen.

Außerdem ist der Film sehr oft das Medium der großen Gefühle, auch der sentimentalen und zuweilen kitschigen. Während nun im Kino Gelächter, auch das kollektive Gelächter eines ganzen Publikums, erlaubt und nicht selten erwünscht ist, sind Tränen noch immer peinlich, auch wenn der Film sie fordert. Von dieser Peinlichkeit nimmt auch der dunkle Raum nichts, und noch schlimmer wird es, wenn die Tränen am Ende eines Films standen und es nach dem Abspann schon wieder hell wird, ohne daß sie getrocknet sind. Der einsame Videozuschauer dagegen kann ihnen freien Lauf lassen, ohne sie verstecken zu müssen, und nur so ist manchem Film gerecht zu werden. Denn nicht nur das Medium der sentimentalen und der großen Gefühle ist das Kino, sondern ebenso das der zeitgemäßen Katharsis. Anders als in der griechischen Antike scheint aber die öffentliche und kollektive Katharsis bei uns nicht mehr möglich, und so muß jeder sie für sich vollziehen.

Neumarkt. Die Fußgängerampel an der Richmodstraße steht auf rot. Drei Autos fahren an, dann nähert sich erst wieder eins aus größerer Entfernung. Alle Wartenden setzen sich in Bewegung, um die schmale Straße trotz der roten Ampel zu überqueren, auch ich. Nur ein altes Ehepaar bleibt stehen. Für die beiden ist es zu gefährlich; sie könnten nicht sicher sein, noch vor dem nahenden Auto die andere Seite erreicht zu haben. Ergeben sehen sie dem Strom der Jüngeren zu, und für einen Moment erbitte ich ihre Verzeihung. Sie müssen warten. Sie »kommen nicht mehr mit«.

Im »Kintaro«, dem japanischen Restaurant auf der Friesenstraße. Seit einem halben Jahr gehört es zusammen mit dem Mediapark, der Buchhandlung Bittner und meiner Wohnung zu den vier Orten in Köln, in denen ich mich aufgehoben, beinahe glücklich fühle. Zum einen ist es gewiß die Schlichtheit, fast Kargheit der Einrichtung, wie in den meisten japanischen Lokalen. Dazu geht der Blick nach hinten heraus (das Lokal hat zwei Eingänge) auf das Fragment eines kleinen japanischen Gartens. »Entlastung« ist das erste Gefühl, wenn ich mich hier niedergelassen habe.

Von den Mädchen, die hier bedienen, bringt mir meistens Fräulein Watanabe die Karte: für eine Japanerin relativ groß, dafür um so schmaler, auch im Gesicht. Seit drei Jahren ist sie in Deutschland, hat sie mir vor kurzem auf meine Frage geantwortet und gleich im Anschluß pflichtschuldig ihr schlechtes Deutsch beklagt. Ebenso pflichtschuldig wie aufrichtig habe ich ihr versichert, daß ihr Deutsch durchaus nicht schlecht ist.

Heute, während ich auf das Essen warte, bitte ich sie um eine Schere. Sie zieht die Stirn kraus und wiederholt fragend das Wort. Ich öffne und schließe Daumen und Zeigefinger, um den Vorgang des Schneidens anzudeuten, und ihr Gesicht hellt sich auf. Sie geht zu der schmalen Anrichte, auf der der Kassencomputer steht, zieht die obere Schublade auf und kramt darin herum. Erstaunlich, was dieses Restaurant alles für die verschiedensten Gelegenheiten bereithält. Schließlich kommt Fräulein Watanabe mit einem roten Heftapparat auf mich zu, und ich schüttle schon lächelnd den Kopf, bevor sie an meinem Tisch ist. Noch einmal versuche ich zu erklären, was eine Schere ist, aber da kommt die kleinere Kollegin und reicht mir eine. Sie hat eben damit einen Faden von einer Schürze abgeschnitten und plötzlich begriffen, was ich haben wollte. Beide sind wirklich in der Lage, sich auf einem gewissen Niveau mit Gästen zu unterhalten, aber das Wort für einen solchen Alltagsgegenstand fehlt ihnen, wie vermutlich für manchen anderen. Ich erinnere mich, daß das in einer fremden Sprache, die man nur unzulänglich beherrscht, durchaus nicht ungewöhnlich ist und daß es mir im Französischen ähnlich geht. Man geht nicht vorwärts vom Konkreten zum Abstrakten. Wenn es überhaupt eine Regel gibt, verhält es sich eher umgekehrt.

Beide Mädchen, während ich mit der Schere ein Preisschild von einem Kleidungsstück abschneide und dann in einem Buch blättere, gehen lachend ihrer Arbeit nach, begrüßen neue Gäste und bringen ihnen das Körbchen mit dem heißen Tuch für Hände und Gesicht. Dabei kreuzen sich ihre Wege mehrmals, und bei aller in diesem Restaurant bewundernswerten Konzentration auf die Arbeit haben sie noch immer die Zeit für ein Gelächter. Später gibt es eine kurze Unterhaltung mit dem Chef, der hinter der Sushi-Bar hantiert, und auch hierbei Gelächter, immer aber nicht von der Art, die man in unseren Breiten »befreit« nennt. Plötzlich erinnere ich mich, einmal in einer Zeitung gelesen zu haben, in Japan sei Lachen oft eher Ausdruck von Verlegenheit als von Freude. In der Tat lacht die kleinere Kollegin noch einmal, als sie nach einer höflichen Frage die Schere wieder an sich nimmt. Daß sie eine Schere in der Hand hielt, ohne zu begreifen, was ich haben wollte, und daß ihre Kollegin mir einen Heftapparat gebracht hat, ist ihnen nicht nur peinlich. Es macht sie traurig, daß sie aus dem Land, in dem sie jetzt leben und arbeiten, jederzeit für kurze Augenblicke herausfallen können, weil ihnen der Gegenstand zum Wort oder das Wort zum Gegenstand nicht einfällt. Erst beim Zahlen ist das aufgeregte Lachen wieder dem mir vertrauten Lächeln gewichen, das dem gut bekannten Gast gilt.

Fräulein Watanabe habe ich schon mehrfach auf der Straße getroffen, einmal auch auf dem U-Bahnhof Friesenplatz zusammen mit ihrem Freund. Sie trägt dann oft Jeans und eine leichte Lederjacke, was mich beim ersten Mal etwas irritiert hat, weil ich sie nur mit der langen blauen Schürze kannte, die alle im »Kintaro« tragen. Jetzt sieht sie aus wie ein Mädchen aus einem Buch von Banana Yoshimoto. Sie grüßt immer sehr freundlich, wenn wir uns treffen, aber ihr Lächeln unterscheidet sich um eine kleine Nuance von dem im Restaurant. Hier auf dem U-Bahnhof oder vor dem Eingang zu einem Kaufhaus sind wir Gleiche, deren Wege durch die Stadt sich kurzzeitig miteinander verschlingen.

Auf dem Rückweg vom »Kintaro«. Vorbei an der Festungsarchitektur des Gerling-Konzerns, dann durch den Hinterhof von St. Gereon, der den ganzen stillen Reichtum der Erzdiözese Köln atmet, auf die Christophstraße, absteigend dem Ring zu. Etwa auf der Höhe eines kleinen Reisebüros, in dessen Fenster Last-Minute-Angebote ausgehängt sind, breche ich plötzlich im Gehen in lautes Gelächter aus, so daß die Passanten, die mir entgegenkommen, erstaunt und erschrocken schauen. Jetzt bin ich selber einer dieser autistischen Verrückten wie der junge Vierschrötige auf der Venloer Straße oder der kleine Mann an der Saturn-Kasse. Mich aber beschäftigen weder Überwachungsphantasien noch die Angst vorm Alleinsein. Ich hatte meinen Gedanken auf dem Weg die Zügel abgenommen, sie konnten frei umherschweifen, und anstrengungslos hatte sich plötzlich der metrisch stimmige und inhaltlich zutreffende Zweizeiler eingestellt: »Köln ist eine große Stadt, / die viele kleine Fotzen hat.« Das kann ich den erstaunten Passanten natürlich nicht mitteilen.

Wenn die Mädchen am Eingang des *Komed*-Hauses auf die Gruppen warten, vertreiben sie sich die Langeweile unter anderem damit, sich mit den jungen Männern von der *Security* zu unterhalten und zuweilen auch mit ihnen zu flirten. Die sehen genauso aus, wie man sie aus Fernsehserien oder amerikanischen Filmen kennt, nicht immer groß, auf jeden Fall aber breit, oft mit erstaunlich weichen Gesichtern, *baby faces.* Sie reagieren auf die Anmache der Mädchen, die in der Mehrzahl noch arg jung sind, teils genervt, teils auch geschmeichelt. Im übrigen wird auch ihnen die Zeit damit vertrieben. Manche von den Mädchen, die hier öfter auftauchen, sprechen die einzelnen *Securities* sogar mit Namen an. Einer von ihnen, so erfahre ich bei dieser Gelegenheit, heißt Toni, und auch er nennt das junge Mädchen, rote Jacke und blondes Haar mit Pferdeschwanz, beim Namen, den ich aber nicht verstehe. Das ist sicher keine Ausnahme. Die beiden Parteien, die sich hier gegenüberstehen, verbindet schließlich eine Schicksalsgemeinschaft, die des Wartens. Die einen warten auf ihre Stars und die anderen auf das Ende ihres heutigen Jobs, und zumal in der strahlenden Kälte dieser Tage läßt sie das eng zusammenrücken.

Überhaupt, auch wenn all dies sich im Mediapark abspielt, verwechseln die Mädchen das Leben keineswegs mit VIVA oder der Medienwelt insgesamt, und sie wissen, daß die *Back Street Boys* nicht ihre Freunde oder sogar Liebhaber werden. Die Medien und die Musik haben zwar eine Bedeutung in ihrem gegenwärtigen Leben, eine große sogar, aber die hat eher imaginären Charakter. Fast glaube ich, daß sie realistischer sind als ihre Altersgenossinnen zu Zeiten von *Beatlemania*. Die Gelassenheit, mit der sie hier warten und sich dabei die Zeit vertreiben, zeigt das an. Sie wissen sehr wohl, daß die Realität anderes für sie bereithält, in der Zukunft und auch schon jetzt, in der Schule. »Ich bin nie richtig in einen Star verknallt gewesen. Das ist völliger Schwachsinn«, sagt Helene, 15, in einem von der *Berliner Morgenpost* geführten Interview mit vier Jugendlichen, und ihre Freundin Linda, ebenfalls 15, erklärt: »Die Mädchen stehen auch nur deshalb auf Boygroups, weil sie die Jungs, die sie kennen, irgendwann zu albern finden, besonders die gleichaltrigen. Die Gleichaltrigen sind unerträglich.«

Mit dieser von praktischer Intelligenz geprägten Haltung warten sie auch in der Kälte vor dem *Komed*-Haus und versuchen, soviel Spaß zu haben wie möglich. Sie sind verspielt und verträumt, aber auch frech und wissen recht genau, wo es lang geht. Deshalb bewundere ich sie.

Einen Tag vor Heiligabend wird in Frankfurt das Urteil gegen Jürgen Schneider verkündet, den Initiator der Zeil-Galerie, den Umgestalter der Leipziger Mädler-Passage und anderer Prunkbauten, außerdem in den USA festgenommener und nach Deutschland ausgelieferter Kreditbetrüger größeren Stils. Sechs Jahre und neun Monate Haft, befindet das Gericht und stellt unter anderem in Rechnung, daß die betrogenen Banken bei der Kreditvergabe teilweise unglaublich leichtsinnig vorgegangen und so für den Schaden, den sie erlitten hätten, mitverantwortlich seien. Über Weihnachten darf Schneider zudem nach Hause und muß die Haft erst später antreten.

Im Radio höre ich zu diesem Urteil Stimmen von Prozeßbesuchern. Eine junge Frau findet das Strafmaß angemessen, weil es schließlich sehr viel schlimmere Verbrechen gebe als den Betrug an ein paar Großbanken, von denen die größte außerdem die verlorenen Summen öffentlich als *peanuts* abgetan habe. Die Mehrzahl der Befragten fühlt aber das eigene Rechtsempfinden nicht befriedigt, die Strafe sei viel zu milde. Eine ältere Frau ist sehr erregt. Viel mehr hätte der bekommen müssen, sagt sie, wenn man allein an die armen Handwerker denkt, und daß er Weihnachten zu Hause feiern dürfe, sei der größte Skandal. Das alles wird in hessischem Gebabbel vorgetragen auf einer Stufe des Beleidigtseins und der

Empörung, als sei gerade ein Kinderschänder freigesprochen worden. Keiner der Befragten wurde durch Schneiders Transaktionen persönlich geschädigt, aber das Gefühl, hier sei ein angeblich großer Fisch – der er gar nicht war – mit unzulässiger Milde behandelt worden, anstatt am Heiligabend bei Brot und Wasser eingesperrt zu sein, verletzt das Volksempfinden. Bei einzelnen hat man den Eindruck, ihr Leben sei ihnen nicht ganz gelungen, es fehle ihm etwas an Glanz, und das Gericht habe die Möglichkeit versäumt, für dieses Mißgeschick stellvertretend Rache zu nehmen.

Erster Weihnachtstag. Abends im Chinarestaurant »Mandarin« am Hohenzollernring, in dem Herr Li und Herr Wang bedienen, wenn sie nicht gerade bei Harald Schmidt die konfuzianischen Weisheiten aufsagen. Da viele Restaurants heute geschlossen haben, ist dieses sehr gut besucht. Zwei Tische weiter sitzen zwei junge Paare, die Männer deutsch, die Mädchen beide Asiatinnen, aber unüberhörbar hier geboren, wie ihr akzentfreies Deutsch zeigt. Sie sind um die zwanzig und so beschaffen, daß sie zu den schönsten sündigen Gedanken Anlaß geben. Während ich warte und später abwechselnd von Herrn Li und Herrn Wang bedient werde, sehe ich immer wieder zu dem Tisch hinüber, an dem es lebhaft und fröhlich zugeht. In kurzen Abständen steht erst die eine, dann die andere der beiden Schönen auf, um zur Toilette zu gehen, und dabei schicken sie einen etwas verlegenen und enervierten Blick durchs Lokal, weil sie selbstverständlich wissen, daß man ihnen nachsehen wird bei ihrem

Gang. Die Kleinere zieht ihre cognacfarbene Bluse, die etwas hochgerutscht war, wieder über die schwarze enge Hose.

Aber es ist der Gang von beiden, der mir am meisten ins Auge fällt, wiedererkennend, denn ich sehe ihn täglich auf den Straßen. Dieser Gang ist es, der heute fast alle jungen Mädchen eint. Die Erklärung liegt im Schuhwerk, denn sie laufen kaum in Schuhen, sondern auf Sockeln und Säulen. Anfangs habe ich mich gegen diese Schuhmode heftig gewehrt, weil sie die schrecklichen siebziger Jahre zitiert. Aber die bescheidene Phantasie, die den Schuhschöpfern von damals zur Verfügung stand, hat sie längst übertroffen. Inzwischen hoffe ich, diese Schuhmode möge nie vergehen. Natürlich wird das geschehen, und wie über alle vergangenen Moden wird man auch über diese lächeln. Noch aber entfalten sich diese prachtvollen Schuhkörper in immer neuen Varianten. Sie machen ihre Trägerinnen zu

Skulpturen, untrennbar verbunden mit den Aufbauten, auf denen sie sich erheben. Das ist zugleich spielerisch und eindrucksvoll. Denn zum einen haben diese Schuhe etwas von einer Fälschung, sind eigentlich keine Schuhe mehr, sondern eine Art Scherz, ein Teil der Spaßkultur. Gleichzeitig aber haben sie auch etwas Prunkendes, und dieses Prunkende überträgt sich auf die Mädchen, die auf ihnen durch die Welt gehen, stolz, gewappnet und gepanzert.

Vielleicht hat diese Schuhmode auch deshalb gesiegt, wenigstens vorübergehend, weil sie den Gang vorschreibt. Denn das Gehen, das doch die natürlichste menschliche Art der Fortbewegung ist, wird zunehmend verlernt und durch seine vielfachen Variationen ersetzt: Schlurfen, Trampeln, Stampfen, Rollen, Staksen, Stolpern. Vor Jahren bin ich unter anderem aus einer Wohnung ausgezogen, weil das über mir wohnende Paar nicht gehen konnte. Zwei reichlich dämliche junge Leute, aber das störte mich eigentlich weniger. Sie waren jedoch weder in der Lage, in ihrer Wohnung zu gehen, noch eine Treppe hinunterzugehen, noch im menschlichen Maßstab eine Straße entlangzugehen. Beide ziemlich groß (typische furchteinflößende Produkte einer guten und gesunden Ernährung), stampften sie die Treppen hinauf und hinunter, stampften durch ihre Wohnung, stampften über die Straße: den Oberkörper leicht vornüber gebeugt, er dabei ziemlich breitbeinig, sie etwas geschlossener, ohne auch nur einen Ansatz von Eleganz oder Schönheit in ihren Bewegungen. Das war um so erstaunlicher, als sie einige Jahre als Model gearbeitet hatte. Aber es war ihr großes und leeres Gesicht, das man brauchte, nicht ihre Bewegungen. Beide verließen bzw. betraten ihre Wohnung am Tag zwanzig- bis dreißigmal, nachts ebenso, mit ihren Schritten zerhieben sie pausenlos den Parkettboden, den sie bei ihrem Einzug hatten legen lassen. Gehen verursachte ihnen einfach Not, und diese Not teilte sich den Nachbarn mit.

Solche Not ist täglich auf der Straße zu beobachten. Der junge türkische Bodybuilder, der beim Gehen die Arme leicht abwinkelt und die Beine nicht mehr ganz zusammenbringen kann, so daß er seinen Weg im Entengang zurücklegt. Der Fettleibige, der zugleich tastend, schlurfend und rollend seine Bahn sucht. Die Großgewachsene, die bei jedem Schritt nach hinten ausschlägt. Die Frau mit Rechts- oder Linksdrall. Der Breitbeinige, der regelmäßig und vorhersehbar nach den Seiten ausschlägt. Der Schlurfende oder auch der Trampelnde, der plötzlich und unvorhersehbar nach einer Seite ausbricht, obwohl er erkennbar nicht betrunken ist. Die Marschierende im Stechschritt, die exakt die Richtung hält und jeden niedertrampeln würde, der auf ihrer Spur nicht rechtzeitig ausweicht. Und kaum jemand, der einfach *geht.* Am ehesten tatsächlich noch diese jungen Mädchen auf ihren prachtvollen Sockeln.

Eine Meerjungfrau, die ich gerade kennengelernt habe, erklärt mir die Sache mit den Schuhen genauer und bezweifelt meine Vermutung, daß sie als Mode bald wieder verschwunden sein würden. Auch handelt es sich nicht um Scherzartikel, sondern um Schuhe, alle möglichen Arten und Formen von Schuhen, bis zu den elegantesten Ausprägungen, unter die nur jeweils der tragende Sockel geklebt ist, die Plateausohle. Die macht es den Frauen und Mädchen viel angenehmer und natürlicher zu gehen, ohne auf Eleganz verzichten zu müssen, sagt die Meerjungfrau und bestätigt hier nun eine meiner Vermutungen. Deshalb werden sich diese Schuhe länger halten, als die Mode es sich in ihrer Laune ausgedacht haben mag. Noch sind ja auch gar nicht alle Formen ausgeschöpft. Mehr noch, sagt die Meerjungfrau, die Mode richtet sich jetzt schon teilweise nach den Schuhen, die Hüfthosen zum Beispiel, während Schuhe bisher immer nur Accessoires waren. Der Sockel bestimmt den Aufbau, der sich auf ihm erhebt.

Eine Feinkostfirma aus dem Bergischen Land, bei der ich vor einigen Wochen an einem Preisausschreiben teilgenommen habe, in der Hoffnung, ein Wochenende für zwei Personen in Italien zu gewinnen, schickt mir eine kleine Broschüre mit Rezepten, dazu ein neues Preisausschreiben. Diesmal darf man zum *shopping* nach New York fliegen, selbstverständlich wieder zu zweit. In einer Art Editorial preist die Firma ihre Salami an: »... daß ist die Salami, die ...«. Am Ende dann: »Wenn Sie gerne Reisen – versuchen Sie doch einfach mal Ihr Glück bei unserem Gewinnspiel.«

Auch der Autor dieses kleinen Textes hat sein Glück versucht. Daß die deutsche Sprache zwei verschiedene Wörter kennt, die gleich klingen, *das* und *daß* nämlich, daran konnte er sich noch erinnern. Der jeweilige Kontext, in dem man sie verwendet, war ihm jedoch entfallen. So hat er sein Glück versucht und leider Pech gehabt.

Reisen, so mag der Autor sich weiter gedacht haben, ist eine große Sache, vor allem, wenn es gleich nach Big Apple geht, also schreiben wir dieses Wort auch auf jeden Fall groß. Und vollkommen erschöpft beendet er seinen kleinen Text mit der Aufforderung: »Füllen Sie die beigefügte Teilnehmerkarte aus und schicken sie Sie an uns.« Da ist wieder dieses Problem mit der Groß- und Kleinschreibung, und die enorme Anstrengung hatte keinen Erfolg: »sie Sie« ist leider die falsche Reihenfolge, umgekehrt wäre ein Volltreffer gewesen: Subjekt vor Objekt. Beim nächsten Gewinnspiel hat der Autor vielleicht mehr Glück.

Die Produkte der Firma sind übrigens erstklassig, zumindest von der Pasta kann ich das aus eigener Erfahrung sagen. Im einzelnen, so annonciert es der Briefkopf im Anschreiben, gibt es im Angebot: Fleischwaren, Feinkost, Frischfleisch, GV-Service. Jeder dieser Begriffe wird kurz erläutert, beim letzten heißt es lapidar: Verpflegungssysteme. Auch die mögen sehr gut sein, nur wüßte man gern, wofür die Abkürzung GV steht, schon allein, um von der zwanghaften Assoziation zum Geschlechtsverkehr loszukommen. Vermutlich deshalb versichert mir Produktmanagerin Babette Schmidt am Ende des Schreibens: »Sollten Sie Fragen haben, stehen wir Ihnen gerne auch telefonisch zur Verfügung.« Die Durchwahl ist angegeben, und ich bin in der Tat versucht, im Bergischen anzurufen und eine Weile mit Babette zu plaudern.

Vor bald fünfundzwanzig Jahren, mit der Strafrechtsreform vom November 1973, ist der Straftatbestand der Kuppelei zwar nicht ganz abgeschafft, aber wesentlich entschärft worden. Während bis dahin ganz allgemein die Vermittlung außerehelichen Beischlafs als Kuppelei galt und so Eltern an ihren Kindern und Vermieter an ihren studentischen Untermietern schuldig werden konnten, gilt die Strafandrohung heute nur noch bei der Zuführung von unter Sechzehnjährigen zu sexuellen Handlungen und beim Zwang zur Prostitution. Das ist rechtspolitisch sicher vernünftig und zeitgemäß. Manchmal allerdings mag man sich die schärfere Fassung dieser Gesetze zurückwünschen, denn Kuppelei, zumindest der Versuch dazu, ist heute eine weit verbreitete Tätigkeit, durchaus übrigens in aller Unschuld und im freundschaftlichen Gewand. Dabei denke ich weniger an die Eheanbahnungsinstitute, die aufzusuchen oder zu ignorieren schließlich jedem frei steht. Gemeint sind die Bemühungen der lieben Freunde und vor allem Freundinnen, die nicht ruhen mögen, bis der Einzelne kein Einzelner mehr ist. Sind Kuppeleidienste im ersten Fall noch erwünscht, was sich im Akt der Entlohnung der Kupplerin niederschlägt, so tarnen sie sich im zweiten Fall als Freundschaftsdienst, der für das Opfer nur das Beste will. Jane Austens Emma und Prousts Madame Verdurin stehen Pate. Wieviel Leid wäre Charles Swann erspart geblieben, hätte ihn Madame Verdurin nicht zielstrebig an Odette herangeführt!

Diese Form der Kuppelei geht von dem zwanghaften Gedanken aus, daß es für einen Menschen unbedingt einen anderen geben müsse. Noch mehr aber orientiert sie sich an der Frage, wer zu wem »paßt«, als ginge es darum, für jemand anderen das passende Outfit zum kommenden Herbst zusammenzustellen. Liebe soll nichts Irrationales mehr haben, sondern möglichst von der Stange oder aus dem Versandhaus geliefert werden. Auch Frauenzeitschriften übrigens, die ihre einsamen Leserinnen in regelmäßigen Abständen auf die Piste schicken, versehen sie zuvor mit einer Checkliste.

Nichts erfüllt diese Haltung so mit Unverständnis, ja mit Schrecken, als der Augenblick der unmittelbaren Bezauberung zwischen zwei Fremden, »die nicht zueinander passen«. Bezauberung ist ihr überhaupt ein verdächtiger, weil altmodischer Begriff. Es darf und soll sogar »funken«, das erlaubt der Jargon der modernen Kuppelei, aber danach kommen die praktischen Schritte. Der Schwindel, die Ohnmacht sind nicht vorgesehen. Schließlich geht es nicht um Liebe, sondern um »Partnerschaft«. Wenn aber ein Kluger sich von einer Dummen bezaubern läßt oder eine Kluge sich von einem einfältigen Kerl, dann reagiert die Philosophie der Partnerschaft mit Fassungslosigkeit. Alles muß getan werden, um diesen Wahnsinn zu unterbinden, denn Wahnsinn, Raserei, Verblendung und Leidenschaft sind unter Partnern nicht vorgesehen.

Die Checklisten, mit denen Frauenzeitschriften ihre Leserinnen für die Männerjagd versehen, geben Auskünfte übers Männerbild ihrer Redakteurinnen. Im Dezemberheft der *Petra* werden für das alte Spiel allerhand Strategien entwickelt, denn *Petra* weiß: »Über zwei Millionen deutsche Männer sind solo, da ist auch einer für Sie dabei.« Die meisten leben übrigens, in dieser Reihenfolge, in Berlin, Hamburg, München und Köln, wen wundert's.

Wie findet die Frau ihn nun, den Mann fürs Leben, nach den Vermutungen der Autorin mit dem schicken Namen Joy Jensen? Unter anderem im Supermarkt, denn einkaufen muß jeder. Dort ist der beste Punkt der Gang mit den Tiefkühlmenus. Männer können natürlich nicht kochen oder sind zu faul dazu. Vielleicht war Joy Jensen lange nicht mehr selber einkaufen. Meine eigene Empirie zeigt mir, daß die Tiefkühlboxen eher von Frauen umlagert werden. Es mag aber sein, daß die gar nichts kaufen wollen, sondern dort nur auf ihren Traummann warten.

Eine Gruppe junger Männer und Frauen in einer der Straßen, die vom Gerling-Konzern beherrscht werden, in Bürokleidung. Offenbar wartet man noch auf jemanden. Ein bißchen sieht es so aus, als sei die Gruppe auf dem Weg zu einer gemeinsamen Besichtigung, vielleicht auch zu einer Schulung. Als ich auf ihrer Höhe bin, bemerke ich, daß es während des Wartens vor allem darauf ankommt, das Gespräch in Gang zu halten. Ich höre und beobachte mehrere sich überlappende Gespräche über berufliche Dinge, zweimal von gezwungenem Gelächter begleitet, die ohne allzu großen Enthusiasmus geführt werden. Das heißt nicht, daß die Mitglieder der Gruppe einander fremd wären. Aber die ungewohnte Situation, auf der Straße auf jemanden warten zu müssen, statt im Büro der vertrauten Arbeit nachzugehen, macht sie verlegen. Vielleicht fühlen sie sich auch zurückversetzt in eine Schülersituation und damit eines Teils ihrer Wichtigkeit und ihrer Seriosität entkleidet.

Ganz anders die zwei Angestellten in der U-Bahn, abends nach Feierabend auf der Heimfahrt, von denen einer engagiert, beinahe besessen über die Arbeit spricht. Er sagt: »Wir können ja noch gar nicht abschätzen, was das für uns bedeutet.« Er sagt: »Wenn es uns nicht rechtzeitig gelingt, uns darauf einzustellen, erleiden wir Einbußen.« Er sagt: »Das ist wirklich eine Herausforderung.« Das sind nicht seine Sätze, er spricht auch nicht als Angehöriger oder gar Leiter einer Abteilung. In ihrer Unpersönlichkeit sind es die Sätze der Firma, der er angehört. Dabei muß sie ihm keineswegs jemand vorgesprochen haben. Er betet nicht nach, und es handelt sich nicht um »Entfremdung«. Es ist sein eigenes Denken, er denkt wie die Firma, so wie jede Firmenleitung es sich von ihren Mitarbeitern wünscht.

Das ist, wenn ich meinen häufig auf der Straße oder mittags im Restaurant aufgeschnappten Gesprächsfragmenten zwischen Angestellten trauen darf, ein sehr weit verbreitetes Denken. *Corporate identity* scheint in unserem Lande selbstverständlich zu sein. Um das emphatische Verhältnis zur Arbeit muß man sich zumindest in diesem Segment der Arbeitswelt keine Sorgen machen. (Bei der Kassiererin im Supermarkt mag das verständlicherweise anders aussehen.) Und selbst, wo ich Klagen über andere Kollegen und Geschichten über sie höre, geschieht dies meist nicht auf der Ebene des Nörgelns oder des Klatsches, sondern rührt aus dem Bemühen, eine bessere Arbeitsatmosphäre herzustellen, denkt ans Interesse des Ganzen. Zuweilen kehre ich von meinen Streifzügen recht neidvoll auf soviel Gruppenidentität an meinen Schreibtisch zurück.

Wenig später erscheint mir diese Gruppenidentität, bei aller Wärme, die sie ausströmen mag, doch leicht antiquiert, ein Restbestand aus dem Maschinenzeitalter. Meine eigene, weitgehend isolierte Arbeitsform, die so lange etwas Absonderliches, Schrulliges an sich hatte, ist hingegen immer mehr auf der Höhe der Zeit, wie ich vor allem abends beobachten kann, nach neun oder später, wenn das Heer der Angestellten längst zu Hause ist. Gehe ich um diese Zeit durch die Straßen des Belgischen Viertels, sehe ich zwischen all den Kneipen und erleuchteten Wohnungen, meist im Erdgeschoß eines der schön restaurierten Häuser aus der Jahrhundertwende, immer wieder einzelne Männer und Frauen an ihren Computern sitzen, den Blick in entspannter Versenkung auf den Bildschirm gerichtet. Sie arbeiten noch für ihre kleine Firma, die höchstens vier oder fünf Mitarbeiter hat und deren Chef oder Chefin sie sind. Ein oder zwei Schreibtische im Raum, ein anderer kleiner Tisch mit einer Stuhlgruppe, an dem Kunden empfangen werden können. Karge, teure, schöne Möblierung, *form follows function.* Im Fenster ein Geschäftslogo, das vielleicht jemand anders zur ähnlichen Tageszeit in einem anderen Büro am Computer entworfen hat. Sie haben eine Geschäftsidee gehabt, meist einen besonderen Service, auf den vorher noch niemand gekommen ist, oder sie verkaufen selber Ideen. Sie alle haben meine Sympathie, wenn ich vorübergehe. Manchmal bleibe ich stehen, beobachte sie ein oder zwei Minuten lang bei ihrer Arbeit und fühle mich innig mit ihnen verbunden und mit all den anderen, die zur gleichen Zeit in ähnlich möblierten und beleuchteten Büros in den anderen Stadtteilen sitzen. *Corporate identity.*

Silvester. Pünktlich um zwölf stehe ich mit den anderen vor der Tür meiner Stammkneipe und zertrete einen Granatapfel, den mir Sophia am letzten Abend in Saloniki geschenkt hat. Nach griechischem Brauch könne man sich dann etwas wünschen, hat sie gesagt, und das tue ich jetzt, aber nicht mehr so deutlich und so inbrünstig wie noch vor zwei Wochen in der Apostelnkirche, in Anlehnung an Félicie. Seit gestern nämlich hat sich ein neues Bild über das alte geschoben, das mich seit anderthalb Jahren jeden Tag nach dem Aufwachen oder später heimsuchte, und ich bin unschlüssig, ob ich mir das Vergangene zurückwünschen oder meinen Wunsch fest auf die Zukunft richten soll. Ich tue das zweite, freudig erregt und zugleich zögernd, weil ich das Vergangene nicht verraten möchte, niemals. Das Entschiedenste in diesem Augenblick ist die Kraft, ja die Wut, mit der ich die Frucht zertrete.

Fünfter Januar. Auf der ersten Seite der FAZ wird in einer kurzen Notiz mitgeteilt, daß immer weniger Kinder in Deutschland lesen und schreiben können und daß von den Lehrstellenbewerbern fünfzehn Prozent nicht mehr vermittelbar sind, da ihnen in diesen Kulturtechniken die nötigen Grundkenntnisse fehlen. Ich erinnere mich an eine Geschichte, die ich schon vor Jahren gelesen habe. Eine Firma, die mit einem neuen Satz Computer beliefert worden war, bat den Hersteller nach ein paar Tagen um eine zusätzliche Gebrauchsanweisung für die Installation. Die Angestellten, immerhin Sachbearbeiter mit geschäftlich verantwortungsvoller Tätigkeit, wünschten sich Zeichnungen und Piktogramme statt der geschriebenen Gebrauchsanweisung. Deren Sätze konnten sie nicht sinngemäß entschlüsseln. In der Nachricht wurde ausdrücklich betont, daß es sich nicht um eine der berüchtigten Übersetzungen aus dem Japanischen handelte, sondern um einen ganz und gar lesbaren, wenn auch vielleicht nicht besonders eleganten Text. An diesen Arbeitsplätzen lag also ein deutlicher Fall von sekundärem Analphabetismus vor, den man eigentlich erst in weiter unten angesiedelten Bereichen der Arbeitswelt vermutet hätte.

Solche Nachrichten und ähnliche lassen keinen anderen Schluß zu, rein feststellend und ohne kulturkritische Erregung, daß die Schriftkultur langsam zu ihrem Ende kommt, obwohl die Straßen unserer Städte heute voller Beschriftungen sind und es auch immer schwieriger wird, Kleidung zu kaufen, die nicht gut sichtbar irgendein Signum trägt. Diese Omnipräsenz der Schrift hat jedoch selbst schon Bildcharakter und ändert nichts an Vilém Flussers eingangs des Jahrzehnts geäußerter Prophezeiung: »Die Geste des Schreibens ist im Begriff, eine archaische Geste zu werden, durch die sich eine Seinsweise äußert, die durch die technische Entwicklung überholt ist.«

Ich teile diesen Pessimismus, wenn es denn einer ist. Flusser spricht eine Seite weiter nämlich auch von den *happy few*, die diese archaische Geste nicht verlassen wollen und deren ganzes Glück sie ist, ein mehr und mehr verschwiegenes Glück und deshalb um so kostbarer. »Sie wissen, daß Schreiben nicht mehr der Mühe wert ist. Sie tun es trotzdem. Ihr Motiv besteht weder darin, die anderen zu informieren, noch darin, das kollektive Gedächtnis zu bereichern, obwohl sie das behaupten könnten. Das ist absurd: sie können nicht besonders gut leben, ohne zu schreiben, denn ohne das Schreiben hat ihr Leben nicht viel Sinn. Für diese archaischen Existenzen gilt: *scribere necesse est, vivere non est.*«

In der U-Bahn sehe ich in einem dieser braven Rahmen für die Werbung, die dort ausgehängt wird, eine Information der Stadt Köln über die Stadtbibliothek und wie sie im Internet zu erreichen sei. Man sieht einen strahlenden jungen Mann mit einem Haarschnitt wie aus den Fünfzigern, natürlich könnte man auch an die frühen Achtziger denken. Die Schrift ähnelt der auf manchen Programmen der legendären Reihe *Illustrierte Film-Bühne,* sie entstammt wirklich den fünfziger Jahren.

Das unbeholfene Design, mit dem hier für Neuland auf dem Feld der Medientechnik geworben wird, rührt mich. Es paßt zur Stadt, die ihre größte Zeit in den beiden Jahrzehnten nach dem Krieg hatte und den ersten deutschen Bundeskanzler stellte: rheinischer Kapitalismus, Wandel zur Kunstmetropole, erster Meister der Fußballbundesliga. Vielleicht läßt sich nirgendwo so sehr wie im Rheinland noch heute erkennen, was die »alte Bundesrepublik« war. Entschlossene Profitjagd, Glücksrittertum, katholische Soziallehre, staatsbürgerlicher Unterricht in Demokratie, verordnete Nachdenklichkeit, Abriß und Aufbau. Die Worthülsen der deutschen Existenzphilosophie, Happenings, prosperierende Literatur, Glanzzeit des Hörspiels.

Die Architektur, die bis heute für Teile des Kölner Zentrums prägend ist und inzwischen weitgehend unter Denkmalschutz steht, die in dieser Zeit entstandenen neuen Sakralbauten von Geist und Geld sprechen eindrücklich davon: das WDR-Funkhaus, die Industrie- und Handelskammer, das Concordia-Haus, das Britische Kulturinstitut, das Schauspielhaus, das heutige Museum für Angewandte Kunst. Was am meisten auffällt, ist der Hunger nach Klarheit und nach Licht, im überraschenden Kontrast zum zeitgleichen Jargon der Eigentlichkeit. Große regelmäßige Fensterbänder mit Brüstungsvorsprüngen, hohe Eingangshallen, lichtdurchflutet, breite, gerundete Treppenschwünge. Einfache Materialien, die bei allem Repräsentativen die Kargheit betonen und die Bescheidenheit. Was danach in Köln gebaut worden ist, zum Teil von denselben Architekten, reicht nur noch selten an diese Bauten heran und versinkt meistens in Beliebigkeit. Es ist, als habe der Geist der Stadt sich den Zeitläuften nach Mitte der sechziger Jahre nicht mehr anpassen wollen oder können, so auch die Architektur. Wer die neueren Sakralbauten unserer Stadt aufsucht, die Zentrale der Sparkasse etwa, findet sich in ganz und gar ausdruckslosen Räumen wieder. Licht herrscht auch hier, aber ganz ungeordnet, und wenn diese Gänge und Ebenen an eine Struktur erinnern, dann an die im Innern von Justizvollzugsanstalten. Im Foyer des Funkhauses am Wallrafplatz dagegen überkommt einen unwillkürlich der Gedanke, irgendwo hier im Archiv könne noch immer Dr. Murkes gesammeltes Schweigen aufbewahrt werden.

Wenige Tage später ein Zeitsprung in die zweite Hälfte der Sechziger. Eine Ausstellung in Düsseldorf mit dem etwas pompösen Titel *'68. Design und Alltagskultur zwischen Konsum und Konflikt.* Die eigene Vergangenheit im Museum zu besichtigen, ist ein etwas merkwürdiges Gefühl, zumal sie mir bei allem Wiedererkennen fremd gegenübertritt. Daß alles so schön bunt war, oft kugelförmig und meistens aus Kunststoff, das hatte ich vergessen. Da stehen und hängen die Ausstellungsstücke nun nebeneinander, mit einem Minimum an Kommentar versehen, der keine Zusammenhänge erklärt. Durch ein Disneyland der späten sechziger Jahre gehe ich, eher amüsiert als sehnsüchtig, bis die einzelnen Exponate schließlich doch zu sprechen beginnen. Sie sprechen von dem ungeheuren Optimismus, der diese Zeit auszeichnete, von dem Glauben an die fast unbegrenzte Machbarkeit in allen Bereichen des Lebens. Im Design, weil Kunststoff fast unendlich formbar ist. In der Mode, weil deren Adressat plötzlich eine kaufkräftige Jugend war und sie nicht mehr primär für Abteilungsleiter und Damen entworfen wurde. In der Politik, weil Aufklärung am Ende siegen würde und der Wille mehr zählte als alles andere: »Die Pflicht jedes Revolutionärs ist es, die Revolution zu machen.« Und in der Liebe, weil sie dank der Pille nicht mehr zu Kindern und damit zu langfristigen Folgen führen mußte. Als ich die Ausstellung verlasse und durch den strahlend kalten Januartag zurück zum Düsseldorfer Hauptbahnhof gehe, wird mir klar, daß ich mich nicht zurücksehne nach diesem Optimismus.

Zweiter Februar, Mittagessen im Stadtgarten. Einige Tische weiter, nahe dem Eingang, sitzen zwei Männer und eine Frau. Die Männer essen, die Frau nippt nur ab und zu an ihrer Cola. Sie erzählt, sie hört zu und ist gut gelaunt. Zuerst sehe ich nur kurz zu dem Tisch hinüber, lese sonst weiter in einem Artikel über den bedauernswerten Bill Clinton. Dann bleibt mein Blick an der Frau hängen. Die Ähnlichkeit mit M. ist so groß, daß sie ihre Schwester sein könnte. Die gleiche fragile Gestalt. Die gleiche Art, das Haar hochzustecken, auch wenn dieses blond ist. Die gleichen Proportionen des Gesichts, die gleiche Augenform und das matte Leuchten dieser Augen, wenn sie lacht, die gleiche Form des Mundes. Sparsame Gestik der Hände, wie bei M. Die gleiche ruhige Lebensfreude und kultivierte Eitelkeit, denke ich. Das alles trifft mich, aber nicht mehr als Schmerz. Statt dessen muß ich lächeln und stelle fest, daß ich in diesem Moment endlich versöhnt bin. Wirkliche Versöhnung: kein Achselzucken, kein ärgerliches Verdrängen, kein Verrat an dem einzigartigen Vergangenen, das sich so nicht mehr wiederholen wird.

Draußen der Blick auf das schöne Restaurant gegenüber, in dem wir am Abend vor Amsterdam einen der Höhepunkte unserer Liebe feierten und in dem drei Wochen später das Ende eingeleitet wurde. Bisher einer der gefährlichsten, am meisten besetzten Orte. Jetzt hat er seinen bösen Zauber verloren, wie in den letzten Wochen schon manch anderer. Verlassen werde ich die Stadt trotzdem, endlich ohne Bitterkeit und in dem ruhigen Gefühl, jederzeit hierhin zurückkehren zu können.

Beweglichkeit, nach den langen Monaten der Lähmung. Die Traumstadt, den Ort, an dem man unbedingt leben muß, weil »es« dort passiert, gibt es nicht mehr. Keine Hauptstadt des 21. Jahrhunderts in Sicht. Metropolis ist an vielen Orten.

»Man wird weder durch die Politik gerettet noch durch die Literatur.« Über Jahrzehnte gehörte dieser Satz von Sartre auch zu meinen Überzeugungen. Erst vor wenigen Jahren habe ich sehen können, wie sehr ich, indem ich ihn mir aneignete, Verrat begangen habe. Selbstverständlich bin ich durch die Literatur gerettet worden, ganz im Sinne der archaischen Existenzen, von denen Flusser spricht. Durch die Literatur, durch Lesen und Schreiben und nichts sonst.

6. 7. 1997 – 4. 2. 1998

Die Abbildungen

Seite 11: Köln, Mediapark
© Raija Irmeli Penttilä, Köln

Seite 31: Köln, Olivandenhof
© Raija Irmeli Penttilä, Köln

Seite 64: Charlotte Véry
aus: Eric Rohmer, *Conte d'hiver.* L'Avant-Scène

Seite 66: Gustave Courbet, *Der Ursprung der Welt.* 1866.
Musée d'Orsay, Paris

Seite 68: Irène Jacob in *Drei Farben Rot* von Krzysztof Kieslowski.

Seite 87: Georges de La Tour, *La Madeleine pénitente.*
Musée du Louvre, Paris

Seite 105: © Raija Irmeli Penttilä, Köln

Seite 109: Köln, Apostelnkirche
© Raija Irmeli Penttilä, Köln

Seite 119: Rei Kawakubo, Plateauschuh für Comme des Garçons